Uwe Böschemeyer

Neu beginnen!

Konkrete Hilfen
in Wende- und Krisenzeiten

W0231131

EDITION
LEBENSZEICHEN

Die Deutsche Bibliothek – CIP-Einheitsaufnahme

Böschemeyer, Uwe:
Neu beginnen! : Konkrete Hilfen in Wende- und Krisenzeiten/
Uwe Böschemeyer. – Lahr : SKV-Ed., 1996
(Edition Lebenszeichen)
ISBN 3-8256-4102-3

Bestell-Nr. 94 102
© 1996 by SKV-Edition, Lahr
Gesamtherstellung:
St.-Johannis-Druckerei, 77922 Lahr
4521/1996

Inhaltsverzeichnis

Vorwort

Mut – das ist das Gefühl, das sich bei *dem* Menschen einstellen kann, der sich (wieder) auf sich selbst besinnt und begreift, wie gern er doch leben will und wie stark seine Liebe zum Leben ist.

Mut – das ist das Gefühl, das sich bei dem Menschen einstellt, der sich gegen unlebendiges, krankes oder zerstörerisches Leben aufbäumt – der sich gegen ein Leben empört, das so, wie es ist, nicht sein darf und soll.

Ich will in diesem Buch dazu ermutigen, neue Wege zu suchen, wenn die alten nicht mehr weiterführen oder abschüssig geworden sind. Ich beschränke mich nicht auf gute Wünsche für den Leser, sondern bemühe mich, ihm Gründe für den Mut zum Neubeginn nahezubringen. Er wird fragen, ob es überhaupt einen Neubeginn im Leben geben kann. Nein, es gibt ihn nicht. Wir können ja unser vergangenes Leben nicht einfach abschütteln. Aber – es gibt neue Einstellungen zum Leben, zum alten und zum kommenden. Es gibt neue Auseinandersetzungen mit dem, was war, und neues schöpferisches Ringen um das, was ist und kommen kann. Es gibt Befreiung von altem Druck und alter Angst vor kommendem Leben. Es gibt neue Gedanken, neue Gefühle, neue Handlungen.

»Mut zum Neubeginn« – dieses Thema habe ich in sechzehn Variationen bearbeitet. Was dabei herausgekommen ist, hat seine Grundlage in langjähriger theoretischer und praktischer Beschäftigung mit der Frage nach einer sinnorientierten Persönlichkeitsentwicklung. Das Buch ist für jedefrau/jedermann geschrieben. Ich hoffe auch sehr, daß Menschen, die therapeutisch-beratend arbeiten, es mit Gewinn lesen werden.

Vor einigen Jahren habe ich ein Buch unter diesem Titel geschrieben. Irgendwann war es vergriffen. Da jedoch die Nachfrage unvermindert anhielt, entschloß ich mich zu einer neuen Ausgabe. Daraus wurde fast ein neues Buch, das deshalb auch einen fast neuen Titel erhielt: »Neu beginnen!« Einige alte Artikel wurden wieder aufgenommen und gründlich überarbeitet. Andere – sie stellen das größere Kontingent dar – kamen hinzu. Sie bedeuten eine wesentliche inhaltliche Ausweitung der früheren Ausgabe.

Jeder Artikel ist, formal und inhaltlich, in sich geschlossen. Deshalb war, weil die Seele ein Netzwerk ist, die eine oder andere Wiederholung nicht vermeidbar. Durch alle Artikel aber zieht sich der berühmte rote Faden: Es gibt viele Quellen für Resignation, es gibt *mehr* Quellen für Hoffnung – für den, der sie sucht.

Uwe Böschemeyer   Bendestorf, im Juni 1995

KAPITEL 1

Was ich dir noch sagen wollte

Ein Brief für Corinna zu ihrem achtzehnten Geburtstag

Liebe Tochter,
in einer Stunde ist Dein Geburtstag zu Ende. Du feierst oben im Haus mit Deinen Freunden. Ich sitze in meinem Arbeitszimmer und denke an Dich.

In mir ist ein Gefühl tiefer Freude über Dich. Dieses Gefühl hatte ich allerdings schon in dem Augenblick, in dem ich Dich zum ersten Mal sah: damals in der Klinik am ersten Weihnachtstag 1969. Wir haben miteinander vieles erlebt, nicht wenig Schweres, aber auch viel Schönes. Was immer wir jedoch erlebten – liebgehabt habe ich Dich immer, und ich vermute, Du mich auch. Damit haben wir als Vater und Tochter bis zu diesem Tag das Wichtigste erlebt, was wir miteinander erleben konnten.

Ich vergesse die Stunde nicht, in der ich mir vornahm, alles zu tun, um Dich so lange wie möglich von allem Leid fernzuhalten. Da warst Du vielleicht fünf Jahre alt. Doch dauerte es nicht lange, da erkannte ich, daß ich selbst dazu beitrug, daß Dein Leben nicht so besonnt verlief, wie ich es Dir gewünscht hatte. Ich habe Fehler gemacht. Du kennst sie. Was Du vielleicht nicht so recht weißt: Ich habe unter meinen Fehlern gelitten und versucht, sie nicht zu wiederholen, manchmal mit, nicht selten ohne Erfolg. Es wird einmal der Tag kommen, an dem Du mit mir noch einmal über »alles« wirst sprechen wollen. Ich wünsche mir sogar, daß dieser Tag kommt, weil mir nichts lieber ist als dieses: daß wir miteinander offen sind. Dann werde ich versuchen,

Dir recht zu geben, wenn ich meine, daß Du recht hast, und Dir zu widersprechen, wenn ich die Dinge anders sehe.

Schon seit Monaten habe ich über Geschenke zu Deinem 18. Geburtstag nachgedacht. Irgend etwas fehlte. Nun weiß ich es. Da ist noch etwas, was ich Dir noch sagen wollte, und auch das soll ein Geschenk für Dich sein. Ich erfahre ja so manches in der Praxis von Menschen, von ihrem Glück ebenso wie von ihrem Leid, von ihren Fehlern und dem, was sie richtig gemacht haben. Ich sehe, was ihnen hilft, und sehe auch, was ihnen nicht hilft. Ich möchte die Dinge für dich aufschreiben, von denen ich annehme, daß sie zu einem guten Leben führen. Du wirst selbst sehen, was Du von alledem brauchen kannst und was nicht. Vieles von dem, was ich Dir aufschreiben werde, ist Dir aus unseren Gesprächen vertraut, manches wird Dir neu sein. Quäl Dich nicht, wenn Du das das eine oder andere (noch) nicht verstehst, vielleicht liest Du es später einmal nach. Ich kann Dir meine Gedanken nur andeuten; Du weißt aber, wie gern ich mit Dir ausführlich darüber sprechen würde, wenn Du es willst. Also:

Kein Mensch gleicht einem anderen. Darum hat jeder sein eigenes Geheimnis. Und weil jeder sein eigenes Geheimnis hat, ist er im Wesentlichen von niemandem beurteilbar. Ahnst Du, was dieser Satz für Dich bedeuten könnte?

Jeder Mensch erlebt die Wirklichkeit in seiner eigenen Weise. Darum hat jeder seine eigene Weise, sich selbst und das Leben zu deuten. Keine Deutung gleicht der anderen. Deshalb ist es wichtig, auf sich selbst und andere zu hören, wenn wir uns selbst und das Leben verstehen wollen.

* * *

Kein Mensch ist nur ein Engel und keiner nur ein Teufel. Keiner ist nur dumm und keiner nur klug. In jedem Menschen ist immer beides: das Helle und das Dunkle – wie auch in der

Welt immer beides ist: das, was Leben fördert, und das, was es stört oder zerstört.

Such das Helle, das, was Leben fördert, übersieh aber nicht das Dunkle, das in Dir ist und in anderen und in der Welt. Wenn Du das Dunkle übersiehst, siehst Du nur eine Seite der Wirklichkeit. Dann gleichst Du einer Frau, die am späten Abend entzückt vor einem Schaufenster steht und nicht bemerkt, daß jemand, der nichts Gutes im Sinn hat, sich ihr nähert. Frag Dich, was Du Dir ungern eingestehst. Sieh nicht weg, wenn Du in Dir oder anderen Gedanken oder Gefühle entdeckst, die nicht gerade aufbauend sind. Ich wüßte nichts, was wichtiger wäre als dies: so wahrhaftig wie möglich mit sich und anderen umzugehen.

Sei aber nicht weniger ehrlich gegenüber Dingen um Dich herum und in Dir selbst, die gut sind und schön. Such auch und vor allem diese Dinge! Warum? Weil wir letztlich nicht vom Aufdecken der Dunkelheiten leben, sondern vom Entdecken des Hellen. (Das ist im Wesentlichen das, was die Logotherapie und Existenzanalyse, mit der ich mich – nicht immer mit Deiner Zustimmung – vermitteln will.) Laß Dich deshalb nicht irre machen von denen, die so tun, als ob die Beschäftigung mit dem Problematischen »realistischer« wäre als die Hinwendung zu den Perlen des Lebens.

* * *

Der Mensch ist ein Homo viator, ein ständig Reisender, der (innerlich) nie an den Ort zurückkehrt, an dem er einmal war. Deshalb ist es wichtig, aufmerksam zu sein allem gegenüber, dem wir hier und heute begegnen, und auf das sehen zu lernen, was hier und heute sehenswert ist.

Die Gegenwart ist der »Ort«, an dem wir leben – nicht die Vergangenheit, auch nicht die Zukunft. Aufmerksam und sehfähig ist allerdings nur der Mensch, der auch einmal rastet und das, was er unterwegs gesehen hat, auf sich einwirken läßt. Es ist gut, die Stille zu suchen – Du weißt, ich mach' das täglich –, wenn wir zu uns kommen, bei uns sein und fürs Leben aufnahmefähig sein wollen.

Wie das mit der Stille geht? Zum Beispiel so:

Wenn Du magst, nimmst Du Dir morgen früh einmal Zeit, vielleicht zehn Minuten: Laß zum Beispiel das Wort »Mut« auf Dich wirken. Kümmere Dich nicht darum, wenn Dir zunächst Dinge einfallen, die mit diesem Wort nichts zu tun haben. Schau diese Störenfriede einen Augenblick an, und schieb sie dann mit leichter Hand beiseite. Denk nicht über das Wort nach, sieh lieber in das Wort hinein. Spiel mit ihm. Pflück die Dir kommenden Wörter auseinander, füg sie wieder zusammen und laß sie wieder auf Dich wirken. Mach damit Deine Erfahrungen, dann reden wir weiter. Weil wir täglich so viele Ein-Drücke verarbeiten müssen, die unserer Seele gar nicht bekömmlich sind, brauchen wir die Stille, um die fremden belastenden Bilder loslassen und neue, sinn-volle aufnehmen zu können.

* * *

Zu den wichtigsten Begriffen meiner Arbeit gehört das Wort Selbstverantwortung. Es ist in aller Munde, doch in wenigen Herzen. Was bedeutet es? Die Menschen haben eine seltsam starke Neigung, das, was sie selbst falsch gemacht haben, anderen anzulasten. Von dieser Neigung ist keiner frei. Doch kommt es darauf an, ihr so wenig wie möglich nachzugeben. Der Gewinn bei diesem Schuldverschiebespiel liegt zweifellos darin, daß für einen Augenblick die eigene Seele von Selbst-vorwürfen befreit ist. Der Verlust jedoch ist der, daß der »Spie-ler« sich selbst um die Möglichkeit bringt, aus seinen Fehlern lernen und sich in neuen Situationen anders verhalten zu können. Vor allem aber: Nichts ist für die Seele schlechter zu ertragen als Unwahrhaftigkeit, weil sie es ist, die die Seele spaltet. Man könnte deshalb die meisten seelischen Störungen auf diese finstere Gestalt zurückführen. Selbstverantwortliches Leben, das heißt auch: Ich kann es zwar nicht ändern, daß meine Veranlagung, meine Erziehung, meine Umwelt und die

Welt, in der ich lebe, mich erheblich beeinflussen, trotzdem versuche ich, mein eigenes Leben – so weit wie möglich – zu entfalten, zu entwickeln und zu gestalten. Und das ist möglich. Warum? Weil Freiheit mehr ist als ein Wort, weil Freiheit eine lebendige Kraft ist, die darauf wartet, gelebt zu werden. Ob sie auch in Dir ist? Sie ist in jedem von uns. Doch nur der erlebt sie, der sich in sie eindenkt, einfühlt und sich mit ganzem Herzen, ganzer Seele und all seiner Kraft vergegenwärtigt, wozu und wofür er frei sein will.

Wenn Du fragst, wofür Du verantwortlich sein willst oder sollst, dann fragst Du auch nach Deiner Kraft. Fragst Du nach Deiner Kraft, dann zeigt sich Dir auch Deine Schwäche. Auch sie gehört zu jedem Menschen. Und es ist wichtig, sie nicht zu unterschätzen und in gewissen Grenzen annehmen zu lernen. Doch worauf siehst Du mehr? Siehst Du mehr auf Deine Schwäche, dann gerätst Du im Lauf der Zeit in einen negativen Sog. Dann wirst Du zunehmend auf die »Umstände« hinweisen, die Dich an Deiner Selbstverantwortung zu hindern scheinen. Siehst Du dagegen mehr auf Deine Möglichkeiten und auf das, wofür Du verantwortlich sein möchtest oder könntest, dann wirst Du Kräfte in Dir entdecken, die Du vorher nie geahnt hast. Du meinst, so attraktiv sei die Sache mit der Selbstverantwortung nun auch wieder nicht? Das sieht nur so aus. Wer begonnen hat, sie zu leben und sie nicht mehr von sich zu schieben, wird nämlich auch erfahren, daß sich durch gelebte Selbstverantwortung jenes Gefühl einstellt, wonach sich alle sehnen und das doch vielen unerreichbar erscheint: das Selbstvertrauen.

* * *

Von Freiheit war eben schon die Rede. Meistens ist von Freiheit nur die Rede. Sich frei zu entscheiden und frei zu sein – dazu gehört allerdings viel Einübung. Nur zu einer ihrer beglückendsten Formen will ich kurz etwas sagen: zu der Freiheit von der übermäßigen Angst vor der Meinung anderer. Diese Angst ist eines der Grundübel der Menschen. Sicher ist es wichtig, gutgemeinte Kritik ernstzunehmen. Wichtig ist auch, sich nach menschlichen Spielregeln zu erkundigen, die eine gute Tradition haben. Nur – es gibt Entscheidungen, die wir nicht vom Urteil anderer abhängig machen dürfen. Es gibt Gefühle und Gedanken, die aus dem Herzen kommen und denen wir deshalb treu sein müssen. Die anderen brauchen unser Leben ja nicht zu leben. Du und ich – wir müssen unser – verstehst Du? – unser eigenes Leben leben. Uns gehört es, nicht den anderen. Wir gehen unseren Weg, nicht den der anderen, jedenfalls dann, wenn wir uns treu sind. Wir suchen unseren eigenen Sinn, nicht den der anderen. Unser Leben hat ein Geheimnis – und es gibt niemanden, der da hineinsehen und uns sagen könnte, was letztlich gut für uns ist und was nicht.

* * *

Was die Angst, die übermäßige Angst in ihren weiteren zahlreichen Spielarten betrifft – ich kenne zwei Hilfen, die sich als besonders wirksam herausgestellt haben. Die eine: Weich so wenig wie möglich vor dem aus, wovor Du Angst hast! Du brauchst Dich dabei nicht zu übernehmen. Such Dir selbst aus, welche Deiner Ängste Du heute und welche Du erst morgen in Angriff nehmen möchtest. Nur, versuch Freiheit zu leben, indem Du die angstauslösenden Situationen aufsuchst – immer ein bißchen näher, immer ein bißchen häufiger. Mach Dich immer vertrauter mit deinen »Feinden«. Dann kann es sein, daß sie Dir eines Tages zu Freunden werden. Die andere Hilfe: Die Angst wird uns nie ganz beherrschen, wenn wir unsere Aufmerksamkeit auf Wichtigeres als auf sie richten. Ich könnte schwärmen von dieser Möglichkeit. Was das Wichtigere ist? Das wirst Du herausfinden, wenn die Situation da ist. Und wenn die Angst doch stärker zu sein scheint als die Kraft, den Blick auf das Wichtigere zu lenken? Dann such um so stärker danach, woran Dein Blick sich festhalten kann. Wie hilfreich dieser Weg ist, wirst Du erst dann sehen, wenn Du ihn einige Male erfahren hast. So ist es ja auch mit anderen Dingen im Leben. Solange wir uns nur Gedanken über sie machen, gleichen wir einem Musiker, der sein Instrument nur bestaunt und nicht spielt.

* * *

Es gibt Zeiten, in denen wir nicht nur Angst haben, sondern auch verzweifelt sind, zum Beispiel dann, wenn jemand, den wir lieben, uns verlassen will. Verzweifelt sind wir allerdings nur dann, wenn wir unser ganzes Leben nur auf einen Menschen oder nur eine Sache gesetzt haben und dann ent-täuscht werden. Man darf eben das, was irdisch ist, nicht vergöttlichen, weil Irdisches niemals himmlisch sein wird – niemals. Und wenn Du doch einmal, was Dir vermutlich nicht erspart bleiben wird, Dein Herz verschenkst und es dabei verlierst – dann können solche Zeiten, in denen der Schmerz die Seele zu verschlingen scheint, Dein Leben nicht nur verändern, sondern auch vertiefen und erweitern – wenn Du nicht aufgibst und Dich fragst, was sie Dir sagen wollen. Fast jeder Schmerz, fast jede Krise kann dem Leben neue Impulse geben.

Es gibt nur einen wirklichen Feind für den Menschen: die Resignation. Wer resigniert, kreist – ähnlich dem Selbstmitleidigen – nur um das, was er verloren oder nicht bekommen hat – um das, von dem er meint, er hätte Anspruch darauf gehabt. Ein solcher Mensch hat nicht begriffen, daß das immer zwei sehr verschiedene Dinge sind: sich etwas vorzustellen und die Wirklichkeit zu erfahren. Nein, mein Kind, viel Gerechtigkeit gibt es nicht in dieser Welt und viel Liebe auch nicht. Du wirst jedoch mit dieser Tatsache gut fertig werden, wenn Du versuchst, selber so weit wie möglich gerecht zu sein und so viel wie möglich zu lieben. Dann kreist Du nämlich weniger um das, was Du vermißt, und machst die Erfahrung, daß es weit mehr Wege zum Glück gibt, als der Resignierende sie zu sehen jemals imstande ist. Der Resignierende hat eine Wahrnehmungsstörung. Er sieht nicht, daß das uralte Gesetz des Lebens noch immer Geltung hat: daß Helles und Dunkles sich die Waage halten, jedenfalls aus der Sicht dessen, der sich auf Dauer dem Leben nicht entzieht. Ich wünsche Dir so sehr, daß Du diese

Balance oft in Dir spürst und immer wieder Gelegenheiten findest, ins helle Land zu sehen.

* * *

Es gibt auch Zeiten, in denen du die Balance nicht in Dir fühlst. Du bist dann einfach müde vom Leben. Du kannst dann nicht mehr, weder suchen noch hoffen, noch über dich selbst hinauswachsen. Das Leben scheint aus dir herausgeflossen zu sein und dich verlassen zu haben. Was ist dann zu tun? Vermutlich gar nichts. Dann kannst du nur darauf hoffen, daß das große dich umgebende Leben dir aushilft, wenn du nicht mehr weiterkannst. Ich glaube fest daran, daß dieses große Leben nicht will, daß ein Teil von ihm verkommt – auch wenn der Augenschein oft dagegen spricht. Du fragst, was denn das große dich umgebende Leben ist? Soll ich's Gott nennen? Ich habe eine gewisse Scheu, es so zu nennen, denn der Begriff »Gott« – das ist der unzureichende Versuch, das größte Geheimnis des Lebens auf einen Nenner zu bringen. So unbedeutend der Begriff auch sein mag – bedeutend, ja das Bedeutendste im Leben überhaupt scheint mir die Frage nach Gott selbst zu sein. Denn wer sie stellt, fragt danach, woher er kommt und wohin er geht, wie er sich als Mensch verstehen und woran er sich im Leben halten soll. Gerade in diesen Fragen aber drückt sich die Menschlichkeit des Menschen aus. Hör niemals auf, diese Fragen zu stellen, denn sie sind Ausdruck eines lebendigen Herzens. Und wenn du sie aus lebendigem Herzen stellst, wirst Du auch Antworten erfahren, die Dich von innen erwärmen wie nichts anderes auf der Welt.

* * *

Überleg Dir hin und wieder, welche Gedanken Deinen Geist ausfüllen. Unser Geist denkt immer etwas – jene Gedanken nämlich, die wir zulassen oder für die wir uns entscheiden. Lassen wir ihm Raum für negative, werden sie ihn bestimmen. Lassen wir ihm Raum für gute, wesentliche und schöne, werden diese unser Grundgefühl bestimmen. Was denkt in Dir? Was denkst Du? Kannst Du zu den Gedanken stehen, die in Dir ablaufen – oder läßt Du solche zu, die gegen Dich oder andere oder das Leben gerichtet sind? Es gibt Leit-Sätze in uns, die zu Leid-Sätzen werden können. Wer zum Beispiel immer wieder den Satz »Das kann ich nicht« zuläßt, wird sich nicht wundern müssen, wenn dieser Satz immer mehr sein Denken und Handeln bestimmt. Wer sich dagegen von dem Satz »Das kriegen wir schon hin« leiten läßt, wird überrascht sein, daß selbst schwierige Dinge vergleichsweise einfach zu lösen sind.

* * *

Der Mensch lebt jedoch nicht vom Geist allein. Täglich erfahre ich in der Praxis, daß unser Denken, Fühlen und Handeln in nicht geringem Maße auch vom Körper abhängen. So gibt es zum Beispiel Ängste oder Depressionen, die ihre Ursache nicht im seelischen, sondern im körperlichen Bereich haben. Leib, Seele und Geist stellen eine unmittelbare Einheit dar. Deshalb beeinflußt jede menschliche Dimension die andere. Erlebst Du etwa ein großes Glück, dann schlägt Dir Dein Herz bis zum Halse. Bist Du körperlich müde oder krank, wirst Du vermutlich nicht besonders heiter sein. Deshalb ist es wichtig, auch dem eigenen Körper ein Freund zu sein.

* * *

Manche Menschen unterschätzen die Bedeutung der Welt, die uns umgibt: die Wohnung und ihre Bilder, die Straßen und ihre Menschen, die Stadt und ihre Kultur, die Landschaft. All das beeinflußt uns weit mehr, als wir uns vielleicht eingestehen mögen. Deshalb lohnt es sich, sich dann und wann zu fragen, ob das, was uns umgibt, dem entspricht, was uns persönlich guttut. Manche unterschätzen auch die Bedeutung der Kunst. Wie sehr wünsche ich Dir, daß Du immer mehr Zugang findest zur Malerei, zur Musik, zum Theater, zur Poesie. Kunst erreicht, wenn wir sie erkennen (erkennen und lieben haben im

Hebräischen dieselbe Sprachwurzel), die Tiefenschichten unserer Seele. Sie belebt und verändert die Bilder der Tiefe, in denen unser Lebensgefühl seinen Grund hat.

* * *

Auch die Träume mit ihren merkwürdigen Bildern gehören zum Wichtigsten bei der Entfaltung der Persönlichkeit. Träume sind Warner, Wahrheitsfinder, Wegweiser, Mutmacher, sind die starken Helfer der inneren Welt auf unserem Weg durchs Leben. Träume sind die unbeirrbaren Freunde unserer inneren Welt. Schreib Dir hin und wieder einen auf. Lies ihn wie ein Märchen. Laß ihn auf Dich wirken. Und schieb ihn beiseite, wenn Du meinst, ihn nicht entschlüsseln zu können. Weil Träume unsere Freunde sind, wirken sie für uns auch dann, wenn wir sie nicht ganz verstehen. Und, wenn Du magst, frag hin und wieder auch mich.

* * *

Wenn Du einmal Wichtiges besprechen möchtest, wofür ich nicht mehr »zuständig« bin, dann such Dir einen Menschen, dem Du vertrauen kannst. Es ist so gut, einen Menschen zu haben, dem man sein Herz ausschütten kann. Es gibt diesen Menschen, vielleicht nur für diese Zeit, vielleicht auch für ein ganzes Leben. Sein Herz ausschütten, das heißt: sich leer machen von allem, was uns belastet, was uns zu schwer wird und was wir nicht allzu lange mit uns tragen sollten. Und jener Freund, der aufnimmt, was Dir zu schwer wird, kann das tragen, weil er Dir gut ist und ihm an Deinem Leben gelegen ist. Es gibt Freunde, die Engeln nicht unähnlich sind. Sie stellen sich einem allerdings nicht einfach in den Weg. Man muß sie suchen. Und sie lassen sich finden, wenn man sich für Begegnungen mit ihnen offenhält. Freunde solcher Art zeigen uns manchmal auch, daß es wenig Größeres im Leben gibt als dieses: einem anderen zu verzeihen. Verzeihen heißt, einem anderen Fehler, Versagen oder Schuld nicht mehr nachzutragen – aus der tiefen Einsicht heraus, daß niemand von uns über die Fülle von Leben verfügt, die es ihm ermöglichen könnte, vollkommen zu sein. Verzeihen heißt auch, nicht Gerechtigkeit, sondern Liebe als das Größte im Leben anzusehen.

* * *

Was ist Liebe? Mir fällt das Gedicht »Dich« von Erich Fried ein[1]. Fried gehört zu den Poeten, von denen ich mir gern etwas sagen lasse. Das Gedicht beschreibt den Aspekt der Liebe, den ich für den wichtigsten halte:

> Dich
> dich sein lassen
> ganz dich
>
> Sehen
> daß du nur du bist
> wenn du alles bist
> das Zarte
> und das Wilde
> das was sich losreißen
> und das was sich anschmiegen will
>
> Wer nur die Hälfte liebt
> der liebt dich nicht halb
> sondern gar nicht
> der will dich zurechtschneiden
> amputieren
> verstümmeln
>
> Dich dich sein lassen
> ob das schwer oder leicht ist?
> Es kommt nicht darauf an mit wieviel
> Vorbedacht und Verstand
> sondern mit wieviel Liebe und mit wieviel
> offener Sehnsucht nach allem –
> nach allem
> was du bist

Nach der Wärme
und nach der Kälte
nach der Güte
und nach dem Starrsinn
nach deinem Willen
und Unwillen
nach jeder deiner Gebärden
nach deiner Ungebärdigkeit
Unstetigkeit
Stetigkeit

Dann
ist dieses
dich sein lassen
vielleicht
gar nicht so schwer

* * *

Wie alles, so ist auch die Liebe begrenzt durch den Tod. Oder
doch nicht? Ich weiß es nicht. Kein Mensch weiß es. Unser
Erkenntnishorizont ist begrenzt durch die Zeit und den Raum,
in dem wir leben. Der Tod grenzt unser Leben ein. Das aber
heißt zunächst nur: Er grenzt dieses Leben ein. Ob ich an ein
Weiterleben nach diesem Leben glaube? Ja, ich glaube daran,
nicht zuletzt deshalb, weil ich mir nicht vorstellen kann – das
ist sicher sehr naiv –, daß diese Kostbarkeit Leben, auch Deines
und meines, ausgelöscht werden könnte. Ich riskiere die Hoffnung, daß es zu all den Tränen, die wir hier geweint haben, ein
großes Lachen gibt – jenseits aller Tage.
    Ob ich mich auf diesen Glauben verlassen kann?
    Nein, mein Kind, das kann ich nicht – aber ich weiß nichts
Besseres als diesen Glauben. Und wann immer ich das
Leben besonders liebe, ahne ich, daß dieser Glaube gute
Gründe hat. Ob Du nicht doch Angst haben müßtest vor
diesem fernen Land, das ja keiner von uns kennt? Mir fällt
eine Legende ein, die ich sehr liebe:

Am Rande der Welt fließt ein großer Strom. An dessen Ufer hütete ein Hirte seine Herde. Manchmal fand der Hirte Zeit für sich. Dann spielte er auf seiner Flöte und schaute dabei über den Fluß ans andere Ufer. Irgendwann kam über den Strom der Tod auf ihn zu, um ihn nach drüben mitzunehmen. Ob er Angst habe, fragte ihn die dunkle Gestalt. Der Hirte verneinte die Frage, hatte er sich doch lange schon mit dem anderen Ufer vertraut gemacht. So stand er auf und ließ sich still über den Strom fahren. Und als er dort ankam, hörte er die Töne seiner Flöte, die der Wind zu seinen Lebzeiten vorausgetragen hatte.

Liebe Corinna, Du siehst, daß meine väterliche Fürsorge wieder einmal zu weit gegangen ist. Der Brief ist viel zu lang geworden! Du kannst Dir jedoch mühelos vorstellen, was ich Dir noch alles sagen möchte. Ob wir einmal über diese Zeilen reden? Wichtiger allerdings wäre es, das eine oder andere, das uns aufgegangen ist, zu tun.

Es grüßt Dich
in alter Liebe

Dein Vater

KAPITEL 2

Von Gräben und Brücken
zwischen Älteren und Jüngeren

Eine sinnorientierte Betrachtung

Die Älteren und die Jüngeren –
viele lieben sich, viele hassen sich,
das war schon immer so.
Die Älteren und die Jüngeren –
viele wollen nichts voneinander wissen,
viele wollen alles voneinander wissen,
auch das war schon immer so.

Der große Fluß des Lebens
nimmt Menschen zu *verschiedenen* Zeiten auf,
und zu verschiedenen Zeiten verlassen sie ihn
wieder.

Ältere und Jüngere erleben den Fluß zu ihrer *eigenen*
Zeit.
Beide gewinnen von ihm ein unterschiedliches Bild,
und beide machen unterschiedliche Erfahrungen
mit dem eigenen und dem großen Leben.

Und wenn sie einander begegnen,
die Älteren und die Jüngeren,
dann sprechen sie zunächst
von ihren *eigenen* Erfahrungen.
Wie könnte das anders sein?

Doch wenn sie einander *verstehen* wollen,
dann müssen *beide* lernen,
auch mit den Augen des anderen zu sehen.

* * *

Besonders Ältere berufen sich Jüngeren gegenüber
gern auf ihre Erfahrungen,
denn sie haben in der Länge der Jahre
zweifellos mehr als jene erlebt.

Es gibt Ältere, die nicht nur viel,
sondern vieles auch tief erlebt haben.
Es gibt aber auch Ältere, die viel erlebt,
doch weniges nur erkannt haben.

Es gibt andererseits Jüngere, die zwar wenig erlebt,
das Wenige jedoch tief erfahren haben.
Und sicher gibt es Jüngere, die viel gesehen haben,
doch damit noch nicht vertraut geworden sind.

Es ist verständlich, wenn Ältere den Jüngeren
aus ihrem längeren Leben heraus
ihre Erfahrungen weitergeben wollen.
Nicht weniger verständlich dürfte sein,
wenn Jüngere ihre *eigenen* Erfahrungen machen wollen,
vor allem dann, wenn sie sehen,
daß die Älteren – trotz ihrer Erfahrungen –
nicht glücklich geworden sind.

* * *

Wer sich auf seine Erfahrungen beruft, muß wissen,
daß er sich nur auf seine eigenen beruft.
Manchmal decken sie sich mit denen anderer,
manchmal auch nicht.

Wer sich auf seine Erfahrungen beruft,
muß sich auch bewußt machen, welche er meint:
die guten, die schlechten – oder beide?

Es gibt ältere Menschen,
die sich auf ihre Erfahrungen berufen,
und beim Aussprechen dieses Wortes
um ihren Mund herum bitter werden.
Ob sie *diese* Erfahrungen
den Jüngeren weitergeben sollten?

Es gibt auch ältere Menschen,
die sich – trotz bitterer Zeiten –
auf gute Erfahrungen mit Leben berufen.
Ob sie diese Erfahrungen *nicht* weitergeben sollten?

Sicher ist, daß Erfahrungen von Menschen,
und hätten diese auch noch so lange gelebt,
sich immer nur auf *altes*,
nie auf neues Leben beziehen.

* * *

Jeder Mensch, und also auch der jüngere,
muß eigene Erfahrungen mit Leben machen,
weil keine Zeit der anderen und – glücklicherweise –
kein Mensch dem anderen gleicht.

Jeder Mensch, und also auch der jüngere,
braucht eigene Erfahrungen,
weil sinnvoll leben heißt,
für sein eigenes Leben
eigenen Sinn finden zu müssen.

Und doch: Es gibt Werte, von denen wir *alle* leben,
wir Jüngeren und wir Älteren.

—— 24 ——

Wir leben von Werten,
die aus der Tiefe der Zeit
in die Gegenwart hineingewachsen sind.

Was sind Werte?
Werte sind Richtlinien für gelingendes Leben,
sind gebündelte Erfahrungen
aus dem großen Strom der Zeit.
Sie sagen, wie gutes Leben möglich ist.

Manche Werte werden zwar von Zeit zu Zeit verändert,
doch bleiben Menschen *jeder* Generation darauf angewiesen,
daß die Älteren den Jüngeren sagen,
mit welchen Werten sie selbst am besten leben konnten.

* * *

Die Wurzel aller Probleme zwischen Menschen
ist das mangelnde Verständnis
für die Andersartigkeit des anderen.

Je weniger ein Mensch
die Andersartigkeit eines anderen versteht,
desto mehr mißt er ihn mit seinem eigenen Maß.
Je mehr er jedoch die Andersartigkeit eines anderen
als eine Grundgegebenheit des Lebens begreift
und sich daran vielleicht sogar erfreut,
desto leichter können die beiden miteinander umgehen.

Die Abwehr der Fremdheit anderen Lebens
führt zu Krieg,
die Annahme der Fremdheit
schafft Frieden,
vielleicht sogar Liebe.

* * *

Was die Jüngeren an den Älteren
und die Älteren an den Jüngeren auszusetzen haben,
ist häufig nichts anderes als das,
was jede Generation für sich
als Möglichkeit und Aufgabe,
als Schwierigkeit und Gefährdung
zu leben und zu verändern hat.
Vieles, was die Jüngeren an Älteren
und die Älteren an den Jüngeren stört,
ist Ausdruck des Mangels an Verstehen, daß
notwendigerweise
eine Generation anders als jene sein *muß*,
weil nur die Verschiedenartigkeit der Generationen
lebendige Geschichte bewirkt.

Welche Generation »besser« ist,
die ältere oder die jüngere,
in welcher Generation mehr Sinn zu finden ist –
ein Narr wäre, der diese Frage
zu beantworten sich erdreistete.

So unfähig ein einzelner Mensch ist,
die Bedeutung seiner gegenwärtigen Lebensphase
beurteilen zu wollen,
so unfähig ist eine Generation,
für ihre Zeit das gleiche zu wollen.

* * *

Wenn überhaupt,
so erfährt ein einzelner Mensch
die Bedeutung seiner einzelnen Lebensabschnitte
nur vom Ende seines Lebens her.
Wieviel weniger erfahren die lebenden Generationen,
in welchem Maße und in welcher Weise
die ältere und die jüngere Generation
dem Leben gerecht werden?

Alles Leben ist ein Netzwerk.
Alles Leben ist aufeinander angewiesen.
Das gilt auch für das Netzwerk der Menschen:
für die Schwarzen und die Weißen,
für die Kleinen und die Großen,
für die Jüngeren und die Älteren,
für das Leben der Menschen
in Vergangenheit, Gegenwart und Zukunft.

* * *

Was müßten in dieser Zeit ältere Menschen wissen,
um mit den jüngeren besser als bisher leben zu können?

Jüngere brauchen es,
daß Ältere ihnen Eigenständigkeit zu-muten.
Sie wollen selbst Verantwortung für ihr Leben tragen.
Sie atmen auf, wenn man ihnen vertraut,
und sie verschließen sich,
wenn sie sich in ihren Möglichkeiten unterschätzt fühlen.
Sie wollen von Aufgaben herausgefordert werden,
und sie werden ihr Bestes geben, wenn sie spüren,
daß der Grund der Herausforderung
im Vertrauen liegt.

Jüngere schätzen an Älteren keine dankfordernden Opfer,
sondern ein selbstverantwortetes Leben,
denn das ermutigt sie zu eigenem verantwortlichem Leben.
Jüngere wünschen sich von Älteren
Wahrhaftigkeit und Klarheit,
und sie wehren sich
gegen Verschleierung und scheinbare Rücksichtnahme.

Vor allem brauchen Jüngere das Gefühl,
daß die Älteren sie nicht nur gewähren lassen,
sondern ihr Recht auf eigenes Sein und Verhalten
respektieren, achten und sich – vielleicht –
darüber freuen.

Was müßten jüngere Menschen wissen,
um mit den älteren besser als bisher leben zu können?

Ältere brauchen die Phantasie der Jüngeren:
die Phantasie dafür,
daß sich unter der verwelkenden Haut
ein frischer Geist verbergen kann,
daß trotz der grauen Haare
die Sehnsucht nach Leben so lebendig sein kann
wie in der Jugendzeit.

Ältere brauchen, so weit wie möglich,
das Verständnis der Jüngeren:
die Achtung davor, daß das Alter
nicht weniger Wert in sich trägt
als jede andere Lebensphase auch.
Vor allem brauchen Ältere das Gefühl,
daß auch sie sein dürfen, wie sie sind:
Menschen mit eigener Lebensanschauung
und eigener Erfahrung,
Menschen an ihrem eigenen Ort im langen Fluß des Lebens.

* * *

Hat denn das Wort des Älteren nicht doch mehr Gewicht
als das des Jüngeren, vor allem dann,
wenn jener schon mehr geleistet hat als dieser?

Warum sollte das so sein?
Ist sich der Ältere darin ganz sicher,
daß das, was er geleistet hat,
auch seiner *Seele* bekömmlich war?
Oder hat das Wort des Jüngeren mehr Gewicht,
weil er, wie er meint,
mehr am Puls der Zeit lebt als jener?

Warum sollte das so sein?
Ist sich der Jüngere darin ganz sicher,
daß das, was er am Puls der Zeit erfühlt,
mehr Leben in sich birgt als das, was der Ältere,
von ihm vielleicht »verstaubt« genannte Mensch,
aus seinem längeren Leben weiß?

Jedes Alter hat seinen eigenen Horizont
und deshalb seine eigenen Grenzen.
Jedes Alter hat seine eigenen Tiefen
und deshalb auch seine eigenen Möglichkeiten,
die eine oder andere Wahrheit zu finden.

* * *

Eine der Hauptursachen für die Spannungen
zwischen der älteren und der jüngeren Generation
in *dieser* Zeit liegt darin,
daß sie weniger als in anderen Zeiten miteinander leben.
Und das hat Folgen:
Sie sprechen nicht mehr genug miteinander.
Sie erfahren nicht mehr genug voneinander.
Sie lernen sich nicht gut genug kennen.
Und das hat wieder Folgen:

Sie entwickeln den anderen gegenüber Vorurteile.
Sie entdecken vor allem das, was sie nicht mögen.
Sie entdecken zuwenig das Liebenswerte.
Sie entwickeln zuviel Angst vor den anderen.

Ob sich das ändern läßt?
Ändern können wir im Leben nur das,
was wir mit ganzem Herzen ändern wollen.
Das ganze Herz wird sich jedoch nur dann
an Änderungen beteiligen,
wenn es fühlt,
daß *Wesentliches* auf dem Spiele steht.

* * *

H. L. Gee hat diese Episode erzählt:
»Das ist heute euer Modell«,
sagte der Zeichenprofessor,
»eine Vase, ein Apfel und dieser Laib Brot.
Ich gruppiere sie so . . . sehr gut . . .

Nun verdunkle ich das eine Fenster . . .
bitte, ziehen Sie doch den anderen Vorhang
etwas beiseite . . . das wird gehen . . . gut.

Sie sehen, meine Damen und Herren,
wir müssen unser Modell
immer im besten Licht sehen.
Das ist ein Grundsatz in der Zeichenkunst
und ein Grundsatz im Leben überhaupt:
Bevor wir eine Person beurteilen,
müssen wir sie *zuerst*
ins beste Licht rücken.
Das verborgene Gute kann dann ans Licht kommen . . .
Und jetzt wollen wir beginnen.«[1]

Manchmal denke ich,
wie stark sich unser Leben veränderte,
wenn jeder Mensch nur einen einzigen anderen
wirklich kennenlernte.

Manchmal denke ich,
wie stark sich die Beziehungen
zwischen Älteren und Jüngeren veränderten,
wenn jeder Ältere sich mit einem Jüngeren
und jeder Jüngere sich mit einem Älteren
vertraut machte:
mit seiner Andersartigkeit und Fremdheit –
und auch mit dem, was beide miteinander verbindet.

Ich habe einmal erlebt, wie eine Lawine
sich zu entwickeln begann.

Seit dieser Zeit
träume ich davon,
was wohl wäre,
wenn ein Mensch
zunächst nur *einen* anderen
wirklich zu verstehen lernte . . .

* * *

Den Abend – er liegt viele Jahre zurück –
werde ich nie vergessen:
Für eine Gruppe älterer Damen
spielte ich auf einem Klavier.
Bei einem Stück trat plötzlich
eine alte Frau hervor.
Sie breitete die Arme aus und tanzte
– mit ernstem Gesicht, unter dem die Leidenschaft glühte –
ihren Tango d'amour.

Ich spürte Scham,
nicht ihretwegen, meinetwegen.
Ich hatte es – jung, wie ich war –
bis zu jenem Abend nicht für möglich gehalten,
daß auch ein alter Mensch
das Leben so voll Inbrunst lieben konnte
wie diese alte Dame.

* * *

Wenn die Zeit nahen wird,
in der wir wieder aussteigen müssen aus dem Fluß,
der durch das große Leben fließt,
dann werden wir uns vielleict noch einmal zurücksehnen
in die Zeit der frühen Jahre.
Dann werden wir vielleicht noch einmal die Bilder dieser Zeit
betrachten und darüber staunen,
wer wir einmal waren, äußerlich und innerlich.
Dann werden wir uns selbst noch immer

ein wenig fremd sein und doch zugleich vertraut.
Wir Menschen sind uns selbst gegenüber immer beides:
unbekannt und doch vertraut.
Wie sollte das anderen gegenüber,
vor allem aber zwischen Älteren und Jüngeren,
anders sein?

Die Brücke jedoch zwischen
dem Unbekannten und dem Vertrauten in mir,
die Brücke auch zwischen Menschen und Menschen
ist das Wohlwollen.
Für dieses Wohlwollen gibt es für alle einen guten Grund:
Er liegt in der Sehnsucht *aller* danach,
von anderen verstanden zu werden –
und selber andere zu verstehen.

KAPITEL 3

Wovon man leben kann

Ermutigungen zum Neubeginn

1. Wer neu beginnen will, muß in die Stille gehen, denn in der Stille wagt die Seele – ihre Mitte ist der Geist – sich unmittelbarer als im alltäglichen Leben zu äußern. Wer die Stille zuläßt, läßt vernachlässigten Gedanken und Gefühlen wieder Raum. Ihm geht auf, was er versäumt hat und was darauf wartet, gelebt zu werden. Die Stille ist der »Weg«, auf dem ein Mensch wie auf keinem anderen der Welt zu sich selber findet.

Eine Anregung: Zu Beginn können störende Gedanken lästig sein. Es hilft, sie nicht beiseite zu schieben, sondern sie bewußt kommen zu lassen. Wenn sie sich zeigen dürfen, ziehen sie sich nach einiger Zeit von selbst zurück.

2. Der Körper ist die vitale Basis des Menschen. Deshalb braucht er nicht weniger Aufmerksamkeit als Seele und Geist. Ein zunächst nur körperlich wahrnehmbares Phänomen ist der Atem. Für ein gelingendes Leben hat *er* besondere Bedeutung. Atem ist zwar der Form nach Luft, dem Inhalt nach jedoch Geist und Leben. Erfahrung von Atem ist demnach Erfahrung von Geist und Leben.

Eine kleine Übung: Ich nehme mir in der Stille einige Minuten Zeit und staune über meinen Atem. Ich verändere ihn nicht in seinem Ablauf. Ich betrachte ihn nur.

Woher kommt er? Wohin geht er? Was bewirkt er?

3. Kein vernünftiger Mensch gießt neuen Wein in Flaschen mit gegorenem Wein. Wer mit seinem Leben neu beginnen will, wird sich deshalb von dem verabschieden, was ihn noch immer an alter Trauer, alten Verletzungen und alten Enttäuschungen ausfüllt.

Wer sich, so weit es geht, von dem befreit, was ihn noch immer an einem *gegenwärtigen* Leben hindert, verfügt auch wieder über jene Energien, die er bislang für seine Verdrängungen gebraucht hat.

Zwei einfache Vorschläge für die Verabschiedung (sie gelten nur eingeschränkt für seelisch kranke Menschen):

In Stichworten schreibe ich auf, welche Dinge mich nach wie vor in der Vergangenheit festhalten. Zu den einzelnen Ereignissen lasse ich mir die alten Bilder kommen. Ich schaue sie mir noch einmal lange an. Dann zeichne oder male ich in wenigen Strichen das Hauptsächliche auf ein Stück Papier. Befreiend wäre auch, wenn mir ein Freund/eine Freundin einige Stunden schenkte, in denen ich ihm/ihr das, was mich noch immer bedrückt, im Zusammenhang erzählen könnte.

Wenn ich noch einmal Stellung zu dem genommen habe, was mir damals zu schwer war, kann ich heute leichter zu mir stehen.

4. C. G. Jung hat einmal gesagt, die psychische Lebenskraft besitze eine bedeutende Trägheit, die kein Objekt der Vergangenheit lassen wolle, sondern es für immer festhalten möchte[1]. An anderer Stelle äußert er, die Natur des Menschen sei konservativ, sie verändere sich nur unter Not[2]. Beide Aussagen sind nicht am Schreibtisch, sondern in der Praxis entstanden. Jeder erfahrene Therapeut wird sie bestätigen. Sie bedeuten: Will ich neu beginnen, ganz gleich, in welchem Lebensbereich, dann muß ich ganz tief fühlen, warum ich so, wie ich bisher gelebt habe, nicht mehr leben will. Dann muß ich mich erschüttern lassen von meiner Not. Und nur wenn mein Körper, meine

Seele und mein Geist in den Widerstand gehen gegen mein verletztes, entleertes, ungelebtes Leben *und* ich mich aufmache für das Neue, das kommen kann, gewinne ich die Möglichkeit, meine Trägheit überwinden zu können. Je tiefer ich begreife, daß ich mein bisheriges Leben nicht fortsetzen will, desto kraftvoller wird meine Empörung (em-por!) über mein verarmtes Dasein sein und desto wacher mein Geist für das Aufspüren der Gründe für neue Hoffnung.

Eine Frage zum Nach-Denken: Habe ich das, was ich am meisten vermißt habe, jemals wirklich gewollt?

5. Wer sich erinnert, läßt das, was er verinnerlicht hat, wieder zum Vorschein kommen. Da aber das Unbewußte nichts vergißt, also auch die mit früheren Ereignissen verbundenen Gefühle nicht, holt der, der sich auch an *gutes Leben* erinnert, die damit verbundenen guten Gefühle in die Gegenwart zurück – und kann erneut ein Stück weit davon leben!

Eine Anregung: Ich lasse mir dann und wann eine frühere gute Begebenheit wiederkommen. Ich frage mich: Wann war das? Wo war das? Wie sah der Raum aus? Wer war dabei? Mit wem sprach ich am meisten etc.? Ich nehme mir Zeit für die verinnerlichten Bilder.

6. Die Vergangenheit prägt einen Menschen. Die Hoffnung zieht ihn in neue Lebenserfahrungen hinein. Hoffnung ist der stärkste Beweg-Grund im Menschen. Wer hofft, hat gute Motive für Leben. Wer hofft, sucht nach Sinn. Worauf kann man hoffen? Darauf, daß keine Zeit der anderen gleicht, daß alle Vorher-Sagen nie Aus-Sagen der Zukunft selber sind, daß die Geschichte immer »offen ist«, die des einzelnen und der Welt insgesamt, daß Leben Entwicklung ist, daß das »Größere Leben« die größere Aus-Sicht hat, daß alte Verletzungen das neue Leben nicht dominieren müssen, daß Gründe für Leben sich oft dann erst zeigen, wenn sie gebraucht werden, daß die Hoffnung sich manchmal von selber zeigt, vielleicht sogar dann, wenn die Hoffnungslosigkeit am größten ist.

Eine Idee: Ich schließe die Augen. Ich male vor mein inneres Auge das Wort »Hoffnung«. Ich sehe *in* das Wort hinein. Ich warte geduldig darauf, daß mir zu dem gemalten Wort Bilder der Hoffnung kommen.

7. Weil jeder Mensch nicht nur ein Individuum, sondern auch ein Gattungswesen ist, gelten für ihn *Werte*, auf deren Verwirklichung er nicht verzichten kann, wenn sein Leben gelingen soll.

Werte sind Gründe für sinnvolles Leben, sind gebündelte Lebenskräfte – sofern ich sie *lebe*.

Jeder Mensch ist jedoch weder nur Individuum noch nur Gattungswesen, sondern auch ein bestimmter Typus. Die Typologie des Enneagramms[3] ist eine wahre Fundgrube tiefer Einsichten in das Wesen der Menschen und bietet indirekt eine lebensnahe »Wertlehre« an. (Sie ist deshalb auch für die gegenwärtige, oft viel zu theoretisch geführte Diskussion über Werte eine Bereicherung).

Nach dem Enneagramm ist mit jedem Typus vor allem *eine* lebensfördernde Seinsweise verbunden. Ich nenne sie Wert. Es gibt neun verschiedene Typen und entsprechend neun verschiedene Werte:

Die besondere Wertmöglichkeit des ersten Typus, des Reformers, ist die *Geduld*.

Die besondere Wertmöglichkeit des zweiten Typus, des Helfers, ist die *Liebe*, die auch den *anderen* meinende Liebe.

Die besondere Wertmöglichkeit des dritten Typus, des Erfolgsmenschen, ist die *Tatkraft*.

Die besondere Wertmöglichkeit des vierten Typus, des Romantikers, ist das *Künstlerische*.

Die besondere Wertmöglichkeit des fünften Typus, des Beobachters, ist das *Verständnis*.

Die besondere Wertmöglichkeit des sechsten Typus, des Loyalen, ist der *Mut*.

Die besondere Wertmöglichkeit des siebten Typus, des Glückssuchers, ist die Fähigkeit zur *Freude*.

Die besondere Wertmöglichleit des achten Typus, des Starken, ist die *Güte*.

Die besondere Wertmöglichkeit des neunten Typus, des Ursprünglichen, ist die Fähigkeit, *Frieden* zu stiften.

Wovon kann man leben?

Von *jedem* dieser genannten Werte – sofern man ihn *lebt*.

Und wer nur *einen* dieser Werte zur Hauptsache in seinem Leben macht und diese Hauptsache so gut wie möglich auslebt, wird erfahren, daß er auch andere Werte zu leben beginnt. Je tiefer ein Mensch *einen* Wert verwirklicht, desto mehr Werte bezieht er in sein Werterleben ein. Denn alle »Räume« der Seele sind miteinander verbunden.

Ein Beispiel: Je geduldiger ich bin, desto friedfähiger bin ich. Je friedfähiger ich bin, desto gütiger bin ich. Je gütiger ich bin, desto mehr liegt mir daran, nicht nur mich, sondern auch andere zu lieben. Je mehr ich andere liebe, desto mutiger bin ich. Je mutiger ich bin, desto tatkräftiger bin ich. Je tatkräftiger ich bin, desto mehr Gründe für Freude finde ich. Je mehr ich mich freue, desto gestaltungsfähiger bin ich. Je gestaltungsfähiger ich bin, desto mehr entwickle ich Verständnis für andere und das ganze Leben.

Eine Anregung: Wer (noch) nicht seinen Typus kennt, kann sich auf den Wert einlassen, von dem er am meisten angezogen wird und der ihn am meisten berührt. Wichtig wäre dann, einen an dem betreffenden Wert orientierten Leitsatz zu finden.

Einige Beispiele:

»Ich bleibe geduldig« – »Ich habe auch andere im Blick« – »Ich handle zielstrebig« – »Ich sehe das Wesentliche und Wichtige« – »Ich schau' mir beide Seiten an« – »Ich bleibe mutig« – »Ich sehe das Liebenswerte« – »Ich bin großzügig« – »Ich verbinde das Getrennte.«

Wer mit seinem Leitsatz täglich lebt und ihn sich »einverleibt« – besonders die stille Zeit ist dafür geeignet – staunt darüber, wie tief er die Gründe zum Leben fühlt und wie sich sein gesamtes Lebensgefühl zu verändern beginnt. Wer jedoch diese Sätze nur liest, wird sie wahrscheinlich simpel finden.

8. Eine vorrangige Aufgabe des Menschen besteht darin, herauszufinden, welche ganz persönliche Aufgabe im Leben auf *ihn* wartet. »Das Leben«, ich zitiere Hermann Hesse, »stellt jedem eine andre, einmalige Aufgabe, und so gibt es auch nicht eine angeborene und vorbestimmte Untauglichkeit zum Leben, sondern es kann der Schwächste und Ärmste an seiner Stelle ein würdiges und echtes Leben führen, einfach dadurch, daß er seinen nicht selbstgewählten Platz im Leben und seine besondere Aufgabe annimmt und zu verwirklichen sucht«[4].

Eine Anregung: Hin und wieder schließe ich die Augen und frage mich, wofür *ich* in meiner Welt Verantwortung trage. Ich beachte meine Ausreden, ich beachte vor allem, was sich mir als Herausforderung aufdrängt.

9. Wer menschlich leben will, muß sich weiterentwickeln. Sich weiterentwickeln bedeutet, freier zu werden. Freier werden besagt, die über-flüssigen Ängste zu überwinden. Überflüssige Ängste überwindet der, der sich von den Fesseln löst, die ihn dazu zwingen, übermäßig um sein Ego zu kreisen.

Erst der freie Mensch, der nicht mehr ständig um sein Ego besorgt ist, gewinnt die Welt-Offenheit, aus der heraus die Liebe zum Leben geboren wird – die Liebe zu sich und anderem Leben.

Wer sich weiterentwickelt, weiß sich auf dem Wege. Deshalb wird es ihm leichter als manch anderem fallen, auch die Schwierigkeiten, die sich ihm in den Weg stellen, als Herausforderung zu weiteren Schritte zu verstehen.

Eine Frage zum Nach-Denken: Was würde ich tun, wenn ich weniger Ängste zuließe?

10. Nichts befreit mich mehr als die Reduzierung meiner Ichbezogenheit.

Je mehr ich um mein Ego kreise, desto lebensunfähiger und unglücklicher bin ich. Je mehr ich darüber klage, was ich nicht habe, und mich darüber ärgere, was ich nicht bin, je mehr ich fordere, was doch mir wie allen anderen »zusteht« – je mehr ich das Leben um mich herum aus dem Blick verliere, desto mehr entferne ich mich von dem, wie ich im Grunde leben möchte: heiter und gelassen, auch wenn die Umstände nicht günstig sein sollten.

Nichts macht mich andererseits gelöster, gelassener, nichts bringt meine besten Seiten leichter zum Vor-Schein als das Bemühen darum, das Ego-Zentrische nicht permanent zum Zuge kommen zu lassen. Wer freier wird von seiner Ichbezogenheit, dem weitet sich der Blick, damit zugleich die ganze Seele. Wer weniger ichbezogen und daher weniger ein-seitig denkt, fühlt mehr das Herz der Welt und damit gewiß auch sein eigenes.

Wer mehr als bisher sein Ego losläßt, vermindert sein Haben und vermehrt sein Sein.

Eine schlichte Anregung, die ich mir immer wieder zumute: Ich durchwandere in Gedanken meine verschiedenen Lebensgebiete und frage mich konkret und wenig vornehm, in welchen Situationen und welchen Menschen gegenüber ich wieder egoistisch war. Die Kur schmerzt wie Jod in der frischen Wunde, erleichert und befreit jedoch – für eine gewisse Zeit – ungemein.

Eine nicht ganz so schlichte Anregung: Je tiefer ich – in der Stille – mich *selbst* erfahre, je mehr ich mich also dem nähere, was mein *Geist* mir sagt, desto größer wird mein Widerwille gegen alles ichsüchtige Gebaren.

11. Der Mensch ist beides: ein Einzelwesen *und* ein Gemeinschaftswesen. Er lebt davon, daß er sich um sich selbst bemüht. Er lebt nicht weniger davon, daß er sich um die Gemeinschaft bemüht, von der er weiß oder ahnt, daß er sie mitzuverantwor-

ten hat. Kein Mensch kann davon leben, daß er *nur* für sich selber lebt. Jeder kann aber davon leben, daß er sich freiwillig auf-macht zu denen und für die, die er durch sein Sein und Handeln bereichern könnte.

Eine Anregung: Sag nie, Du würdest nirgendwo gebraucht. Wenn du das sagst, belügst du dich. »Das Leben stellt jedem eine andre, einmalige Aufgabe ...« Und sie bezieht sich immer auf beide: auf den Einzel- *und* auf den Gemeinschaftsmenschen.

12. Nicht die Ausbildung des Verstandes, sondern die »Herzensbildung« ist das Ziel der menschlichen Persönlichkeitsentwicklung. Deshalb lebt ein Mensch nicht primär von dem, was er kennt und weiß, sondern vor allem von dem, was er fühlt, was er mit seinem Herzen fühlt, und was er *tut*.

Die Fähigkeit, Leben interpretieren zu können, ist gut und wichtig. Sie ist aber nur *eine* Voraussetzung für das weitaus Wichtigere: zu handeln und zu lieben.

Zwei Fragen als Anregung: *Fühle* ich, was ich denke? Und: *Tue* ich, was ich fühle?

13. Das menschliche Gemüt lebt von *inneren* wert-vollen Bildern, die jedem Gedanken und jedem Gefühl vorausgehen. Sie werden in den Tiefen der Seele geboren und sind auch nur in der Tiefe zu sehen. Das menschliche Gemüt lebt auch von *den* äußeren Bildern, die das Menschliche im Menschen beeindrucken.

Eine Anregung: Das regelmäßige Betrachten von Bildbänden ist Balsam für die Seele. Die regelmäßige, bewußte Wiederbegegnung mit den beglückenden Traumbildern der Nacht bereichert die Tage.

Eine Frage: Ist mir bewußt, welche störenden Bilder des Tages ich meiner Seele zumute?

14. Erfahrung von Freundschaft ist Erfahrung von Wohlwollen

des Lebens. »Wo (aber) nicht Taten und Berührungen Solidarität schaffen«, sagt Arno Plack, »wird sie (die Freundschaft) auf Worte gegründet und bleibt so flüchtig wie das Wort im Wind«[5].

Eine Frage: Möchte ich mit *mir* befreundet sein?

15. Man kann auch von der häufigen Begegnung mit der Natur und der Kunst leben. Natur ist unmittelbarer Aus-Druck des Lebendigen, Kunst ist Ausdruck des Schöpferischen im Menschen und damit auch des Lebendigen.

Eine Frage: Was hindert mich daran, mich häufig diesen Quellen des Lebens zuzuwenden?

16. *Das* ist das Wesentliche des Menschen: daß er sich selbst überschreiten kann – im Erkennen und im Handeln.

Im Handeln kann er sich selbst überschreiten, indem er sich nicht nur treiben läßt: nicht von seinen Trieben, nicht von seiner Seinsfaulheit, nicht von seinen neurotischen Strebungen, sondern sich danach ausstreckt, das zu leben, was er als sinnvoll erachtet.

Im Bereich des Erkennens kann er sich überschreiten, indem er auch und vor allem danach fragt, woher Leben kommt, wohin es geht und was es in der Spanne zwischen Geburt und Tod zu bedeuten hat. Ich meine die religiöse Frage. Wer diese Frage nicht stellt, bringt sich um die kühnste, anregendste, lebendigste und *menschlichste* aller Fragen überhaupt. Und von ihr können wir *leben*! Wir können deshalb von ihr leben, weil wir, wenn wir sie lebendig genug stellen, mit den Tiefen des Seins in Berührung kommen. Kommen wir aber mit den Tiefen des Seins in Berührung, dann kommen wir mit dem Grund des Seins in Berührung. Kommen wir mit dem Grund des Seins in Berührung, dann kommen wir mit dem *Größeren Leben*, mit dem Göttlichen, mit Gott in Berührung. Nennen Sie es, wie Sie wollen! Jedenfalls kommen wir mit der *Quelle* des Lebens in Berührung. Und wovon könnten wir *mehr* leben als von ihr?

Eine Anregung: Ich schließe die Augen. Die störenden Gedanken lasse ich kommen und wieder abfließen. Ich sammle mich um das Wort Sehnsucht. Es werden sich zunächst ganz unterschiedliche Gedanken, Gefühle und Bilder zu diesem Wort einstellen. Ist das, was mir als Sehnsucht kommt, das, wonach ich mich am tiefsten sehne? Ich warte darauf, daß sich mir eine Sehnsucht zeigt, die mich nicht melancholisch macht, sondern mein Herz mit einer seltsamen Freude auszufüllen beginnt.

17. Ein Mensch kann auch leben von jedem *gestalteten* Leid. Jedes Leid, das ein Mensch gestaltet, erweitert seine Persönlichkeit. Die *Freiheit* dazu haben die meisten, die Bereitschaft dazu, sie auch in schweren Zeiten auszuleben, entwickeln nicht viele. Schicksalhaft ist das nicht. Wer sein Leid gestaltet, fragt danach, woher es kommt und wozu es herausfordert. Er fragt danach, wie er *mit* ihm hier und jetzt *lebendig* bleiben kann. Denn wichtiger als die Überwindung der Not ist – letztlich – das Ja zum Leben trotz der Not.

Dieses Ja hängt nicht nur davon ab, *was* einem Menschen an Leid widerfährt. Es hängt auch und mehr noch davon ab, ob er sich fürs Leben entscheidet, fürs Leben *entscheidet*. Und davon könnte er leben.

Ein Satz zum Nach-Denken: *Der* leidende Mensch wird sich am ehesten *für* das Leben entscheiden, der sich tief genug fragt, ob er das *Hauptsächliche* verloren hat.

18. Wovon kann man leben? Vom Sinn. Sinn ist das, was mich unmittelbar angeht, was mich betrifft und betroffen macht. Sinn ist die jeweilige Hauptsache in meinem Leben. Sinn ist das, wofür ich mich auf-mache, wofür ich mich auf-richte, wofür ich bereit bin, auch Schweres zu er-dulden. Sinn ist das, was meinen Leib, meine Seele und meinen Geist bestimmt.

Sinn ist das, wofür ich leben will. Sinn ist der Grund für meine Liebe zum Leben. Sinn ist das, wovon ich leben kann.

19. Du sagst vielleicht, man könne doch in *dieser* Welt nicht leben. Was meinst du nur mit diesem Satz? Die Luft ist verpestet, die Flüsse sind vergiftet. Die Kriege werden brutaler, die Straßenkämpfe auch. Der Lärm nimmt zu. Die Angst nimmt nicht ab.

Du hast ja recht in allem, was du sagst. Ich leide auch unter dem, was dir zu schaffen macht. Und doch: Du lebst. Du vegetierst nicht. Und vieles, was du erlebst, magst du wahrscheinlich noch immer.

Diese Welt, an der wir leiden, ist *unsere* Welt. Diese Zeit, durch die wir gehen, ist *unsere* Zeit. Dieses Leben, das wir in dieser Welt und in dieser Zeit haben, ist *unser* Leben. *Diese* Welt ist für dich und mich Gefährdung, Möglichkeit und Aufgabe zugleich.

Du kannst diese Welt ablehnen. Du kannst sie auch annehmen. Du kannst dich ihr ab heute zur Verfügung stellen und daran mitarbeiten, daß sie zu deiner Heimat wird. Du kannst auch die fade Rede führen, ein einzelner könne ja ohnehin nichts tun. Wenn du jedoch auf diesem Standpunkt stehenbleibst, dann sieht es in der Tat noch dunkler aus für dich – und auch für mich.[6]

Leben *kannst* du – in welcher Zeit auch immer – wenn du begreifst, daß Menschsein heißt, gestalten und verändern zu können und zu müssen – und dich danach richtest.
Leben *kannst* du, unter welchen Umständen auch immer, wenn du begreifst, daß sowohl das menschliche als auch das Leben insgesamt eine einzige lebendige Wirklichkeit ist – und dich ihr anvertraust. Du und ich, wir kennen weder seinen Ursprung noch sein Ziel. Doch die tiefe Lebenssehnsucht der Menschen – nicht wenigen ist sie gar nicht bewußt – deutet darauf hin, daß wir es mit einer unvergleichbar attraktiven Wirklichkeit zu tun haben.

KAPITEL 4

Von der Überwindung
der existentiellen Frustration

Das Phänomen, das wie kein anderes die Menschen unserer Zeit bedrängt, ist ein abgründiges Sinnlosigkeitsgefühl. Diese Diagnose stellte der Wiener Psychiater und Neurologe Viktor E. Frankl, der zugleich Begründer der Logotherapie ist, einer sinnzentrierten Form der Psychotherapie. Er hat sich wie kaum ein anderer Therapeut dieses Jahrhunderts in Theorie und Praxis mit der Sinnproblematik auseinandergesetzt.

Für Frankl ist nicht die sexuelle Frustration – so Sigmund Freud –, auch nicht das Minderwertigkeitsgefühl – so Alfred Adler –, sondern die »existentielle Frustration« das Hauptproblem der Menschen unserer Zeit.

Frankls Einschätzung nach breitet sich die existentielle Frustration, von ihm auch »existentielles Vakuum« genannt, zunehmend aus. In seinem 1972 erschienenen Buch »Der Mensch auf der Suche nach Sinn«[1], das heute noch weit aktueller ist als vor 20 Jahren, beschreibt er das Anwachsen dieser Problematik als ein weltweites Phänomen. Seine Behauptung wird von zahlreichen Untersuchungen aus allen Kontinenten gestützt.

Wer unter Sinnlosigkeit leidet, leidet unter dem *menschlichsten* aller Probleme. Denn das Bedürfnis nach Sinn ist das *ur-sprünglichste, elementarste und vitalste* Bedürfnis und wirkt sich deshalb auf den *ganzen* Menschen aus: auf seinen Körper, seine Seele, seinen Geist. Wer das begreift, versteht auch, daß ein Mensch an Sinnmangel erkranken kann. Erkranken wird er allerdings nur dann, wenn Körper und Seele Krankheitsbereitschaft zeigen. Diese Bereitschaft wiederum wächst in dem Maße, in dem sich das Sinngefühl verringert.

Wenn aber das Sinnbedürfnis der ursprünglichste, elementarste und vitalste Wunsch des Menschen ist und gerade die Realisierung *dieses* Bedürfnisses gefährdet ist, dann wird verständlich, *welchem* Thema sich die Medizin, die Psychotherapie, die sozialen Fachbereiche und alle für das Gemeinwohl verantwortlichen Zeitgenossen zuzuwenden hätten. Deshalb darf die Sinnfrage nicht länger als bloße Privatangelegenheit philosophisch interessierter Kreise oder psychisch gestörter Menschen verharmlost werden.

Das Erscheinungsbild der existentiellen Frustration

In der Praxis zeigt sich die existentielle Frustration *unter* den verschiedensten Formen der Krise: zum Beispiel als Krise in Ehe oder Beruf, als Krise des Singles oder des sozial Erfolglosen. Sie zeigt sich auch im Zusammenhang mit seelischen und körperlichen Erkrankungen. Diese und andere Formen der Krise haben zwar häufig seelische, körperliche oder soziale Ursachen, ihr *Grund* aber liegt im Geistigen: in einem tiefgreifenden Mangel an Sinngefühl.

Darüber hinaus zeigt sich die existentielle Frustration in einer zunächst schwer faßbaren Problematik. Die Klienten sagen, sie hätten »eigentlich« keinerlei Anlaß zur Klage, da familiär, beruflich und sozial alles »stimme«, und doch sei ein Tag wie der andere, nämlich so, daß sich »das Leben« nicht lohne.

Kommt der existentiell frustrierte Mensch in die Praxis, wirkt er oft kraftlos und matt. Er ist unzufrieden, mißgestimmt, fühlt sich mit sich nicht eins. Er versteht sich und andere nicht mehr.

Er beklagt seine Initiativlosigkeit und Interessenlosigkeit. Er spricht von Langeweile, manchmal auch von Lebensekel.

Es sieht so aus, als kenne er keine Wünsche mehr und erst recht keine Werte. Sein Wertgesichtsfeld ist eingeengt, seine Welt-Anschauung verdunkelt.

Er wirkt ratlos, ängstlich, niedergeschlagen, abwehrend. Er klagt darüber, daß er häufiger als früher kränkele.

Er vermißt sein Gefühl für Sinn und weiß deshalb auf die Frage, was für ihn die Hauptsache im Leben sei, keine Antwort.

Er fühlt nur wenig oder keine Hoffnung mehr und setzt darum auch (zunächst) auf die Beratung wenig Hoffnung.

Woher kommt die existentielle Frustration?

Die Ursache des existentiellen Vakuums beschreibt Frankl so: »Im Gegensatz zum Tier sagen dem Menschen keine Instinkte, was er *muß*; und dem Menschen von heute sagen keine Traditionen mehr, was er *soll*; und oft scheint er nicht mehr zu wissen, was er eigentlich *will*. Nur um so mehr ist er darauf aus, entweder nur das zu wollen, was die anderen tun, oder nur das zu tun, was die anderen wollen«[2]. Den *Grund* aber für diese Entwicklung sehe ich in der zunehmenden Selbst-Entfremdung des Menschen unserer Zeit. Doch diese Entwicklung ausführlich darzustellen, sprengt bei weitem den Rahmen dieser Arbeit. So viel nur sei angedeutet: Die Selbstentfremdung ist meiner Auffassung nach das Ergebnis einer veränderten Werthierarchie, an deren Spitze materialistische Werte dominieren.

Die *Folge* dieser Entwicklung ist ein reduziertes Wertgefühl des Menschen – für sich selbst, für andere, für das Leben überhaupt. Diese Entwicklung ist jedoch keine schicksalhaft notwendige, sondern eine *zugelassene* – und daher elementarer Ausdruck einer aktiven Seins- und Sinn-Vergessenheit.

Existentielle Frustration ist Frustration des Sinnbedürfnisses. Das Sinnbedürfnis aber ist ein jedem Menschen eigenes und bleibend zu ihm gehörendes Gefühl, das in seiner Entwicklung zwar behindert, niemals aber ausgelöscht werden kann.

Ehe ich einige mir wichtig erscheinende Hilfen beschreibe, will ich die Problematik an einem typischen Beispiel veranschaulichen (Name und biographische Daten sind verändert):

Gudrun, eine 35jährige gutaussehende Frau, kam mit einem unbestimmten Wunsch zu mir. So wie bisher könne es mit ihr nicht weitergehen, sagte sie. Sie müsse etwas für sich tun. Wenn sie so weiterlebe, wisse sie nicht, warum sie überhaupt noch lebe. Sicher gehe es ihr nicht schlechter als anderen, sie habe jedoch den Anspruch, mehr aus ihrem Leben machen zu wollen.

Gudrun arbeitete in leitender Position in einer Werbefirma. Man schätzte sie wegen ihres Könnens. Man fürchtete sie wegen ihrer Launenhaftigkeit. Deshalb war sie an dem Ort, an dem sie die meiste Zeit verbrachte, nicht besonders beliebt. Obwohl sie sich wegen ihres unkollegialen Verhaltens Vorwürfe machte, schien sie es nicht ändern zu können.

Einen anderen Beruf konnte sie sich nicht vorstellen, doch er füllte sie nicht aus. War sie erfolgreich, empfand sie eine gewisse Genugtuung, trotzdem war sie mit dem, was sie tat, insgesamt unzufrieden.

Sie hatte keinen Partner. Mehrere ernsthafte Beziehungen hatte sie gehabt, keine aber führte zur ersehnten Ehe. Sie hatte keine Mühe, einen Mann für sich zu interessieren. Mühe hatte sie damit, sich auf die jeweilige Partnerschaft einzulassen.

Gudrun reiste gern. War sie unterwegs, genoß sie einerseits den fremden Zauber, andererseits aber war es gerade dieser Zauber, der sie an ihr unzufriedenes Leben in der Heimat erinnerte.

Gab es denn nichts, wofür sie sich begeistern konnte? Nichts, was sie auf längere Zeit hätte ausfüllen können.

Nicht selten fühlte sie sich »unpäßlich« und matt, litt unter diversen diffusen körperlichen Beschwerden. Sie klagte über Nervosität und gestörten Schlaf, über Gereiztheit und Spannungen an Körper und Seele. Sie fühlte sich oft deprimiert und ausgefüllt von »Weltschmerz«, wie sie spöttisch sagte, und einer tiefen Sehnsucht »nach einem ganz anderen Leben«.

Was hatte sie von zu Hause mitgebracht?

Vor allem dieses: Die Eltern waren beruflich sehr erfolgreich gewesen. Deshalb hatte der Vater sie früh dazu animiert, »alles daranzusetzen, um im Leben etwas zu erreichen«. Nur – *was* hatte sie erreichen sollen und wollen?

Den Hauptwert Erfolg, der ihr von zu Hause vermittelt worden war, hatte sie längst verwirklicht. Der hatte ihr *Streben* nach Erfolg befriedigt, nicht aber ihre Seele. Andere Werte waren ihr nicht nahegebracht worden. Sie selbst hatte danach nicht gesucht.

Während ich diese Zeilen schreibe, sehe ich sie vor mir: elegant gekleidet, das Gesicht gepflegt. Doch ihre Augen haben keinen Glanz. Sie erscheint mir wie ein großgewordenes Kind, das noch immer nicht weiß, womit es am liebsten spielen möchte – und darum unzufrieden ist. Ich spüre die Traurigkeit, die von ihr zu mir herüberzieht. Ich spüre auch die verkapselte, richtungslose Wut über ihr ungekonntes Leben. Ich empfinde ihre Ohnmacht, die ihren Grund hat in einer tiefen Orientierungslosigkeit.

Umgang mit Sinnlosigkeit

Die folgenden Ausführungen sind das Ergebnis vieljähriger theoretischer und praktischer Arbeit mit dieser Problematik. Nicht die einzelnen Punkte, sondern das Zusammenspiel der Hilfen können zur Überwindung von Schwierigkeiten führen.

1. Wer hier und jetzt keinen oder kaum noch Sinn in seinem Leben fühlt, kann sich *alte*, verinnerlichte Erfahrungen mit Sinn vergegenwärtigen. Die Erinnerungen an vergangene Ereignisse und Erlebnisse mit starken Sinn-Bildern eignen sich hervorragend für die Wiederbelebung des verschütteten Sinngefühls.

Fragen können helfen, zum Beispiel diese: Gab es eine Zeit, die ich nie vergessen werde, weil sie so schön war? Gab es Menschen, mit denen ich eine freundschaftliche Beziehung hatte? Was habe ich früher einmal gern getan? Welche Kunst hat mich gereizt? War ich nicht einmal ein großer Naturliebhaber? Gab es auch Zeiten, in denen ich nach Gott gefragt habe? Je *fühlbarer* die Erinnerungen werden, desto *lebendiger* zeigt sich das Sinngefühl der alten Zeit. Je lebendiger das alte Sinngefühl erinnert wird, desto mehr verdichtet sich der Wunsch nach *neuem* Sinnerleben. Das Unbewußte, in dem all das lagert, was wir je erlebt haben, hat ein ganz anderes Zeitverständnis als das Bewußtsein. Es denkt nicht linear. Und deshalb können die mit den früheren Erlebnissen verbundenen *Gefühle* uns wieder so nahe kommen, als wären sie gerade geboren.

Ich kann es nicht lassen, Ihnen, lieber Leser, in diesem Zusammenhang die folgende Begebenheit zu erzählen:

Vor vielen Jahren wurde ich von einer Einrichtung gebeten, mich am späten Abend in der Hamburger City mit einem stark selbstmordgefährdeten Mann zu treffen. Mir war nicht wohl, als ich den Hünen vor mir sah. Ich erschrak, als er mich aufforderte, ihn zu dem Ort zu fahren, an dem er zu jener Zeit wohnte. Nicht ohne Grimm wies er mich darauf hin, daß ich über sein Domizil staunen würde.

Die Fahrt schien nicht enden zu wollen. Endlich – wir hatten den Stadtrand längst hinter uns gelassen – waren wir am Ziel. Vor uns lag ein riesiger freier Platz, in dessen Mitte eine einsame Baubude stand. Dort also war er »zu Hause«.

Fünf Stunden später verließ ich meinen Gefährten der

Nacht. Ich konnte ihn getrost allein lassen. Was war geschehen?

Zuerst berichtete er mir von seiner tatsächlich notvollen Lage, in der er sich befand. Er *sah* keinen Ausweg mehr. Deshalb befaßte er sich ernsthaft mit dem Gedanken an Selbstmord.

Nachdem ich ihm behilflich gewesen war, seine Situation ein wenig klarer zu sehen, »verführte« ich ihn dazu, mir aus seiner Welt zu erzählen, die ich zwar nicht kannte, die mich aber brennend interessierte. Dieser Mann war nämlich Seemann.

Zunächst unwillig, dann willig, schließlich voller Begeisterung erzählte er mir von seinen Reisen: von der Kameradschaft an Bord, von sternenübersäten Himmeln, von romantischen Häfen und den Schönheiten der Südsee. Ich sehe noch heute die Bilder vor mir, die er aus den unverletzten Tiefen seiner Seele hervorholte und sich noch einmal neu schenkte.

Je länger er erzählte, desto lebendiger wurde sein Gesicht und desto lebhafter wurden seine Bewegungen. Es war, als erwachte er zu neuem Leben. Was er verinnerlicht hatte, wurde ihm wieder gegenwärtig, und mit der Erinnerung an seine bunte alte Zeit kam auch sein Wunsch zurück, in diesem Leben bleiben zu wollen. (Selbstverständlich verabredeten wir weitere Termine.)

2. Es gibt *Widerstände* gegen Sinnfindung – ich nenne sie Sinnfindungsbarrieren –, die bekannte Namen haben. Um der Deutlichkeit willen verzichte ich auf ihre wissenschaftliche Verkleidung. Sie heißen zum Beispiel: Trotz, Selbstmitleid, Neid, Ehrgeiz, Streß, Sucht, Unwahrhaftigkeit, Habsucht, Ichbezogenheit oder Seinsfaulheit. Sie und andere lebensverneinende Gefühle gehören zu den großen Gegenspielern der Möglichkeit von Sinnerfahrung.

Widerstände dieser Art sind Ausdruck existentieller Verweigerung von Persönlichkeitsentwicklung. Sie behindern oder verhindern das Erkennen, Erfühlen und Verwirkli-

chen der Werte, die das Lebensgefühl erfrischen und bereichern könnten.

Diese Sinnfindungsbarrieren als *Ursachen* existentieller
Frustration bewußtzumachen und zu überwinden, ist eine
wesentliche Aufgabe.

3. Der weitaus größte Anteil dieser Schwierigkeiten wurzelt in
den Konflikten zwischen Mensch und Mensch. Den Ursprung
dieser Konflikte hat auf beeindruckende Weise Martin Buber
so beschrieben: »Es ist der Konflikt zwischen drei Prinzipien
im Wesen und Leben des Menschen: dem Prinzip des Gedan-
kens, dem Prinzip des Wortes und dem Prinzip der Handlung.
Der Ursprung allen Konflikts zwischen mir und meinen Mit-
menschen ist, daß ich nicht sage, was ich meine, und daß ich
nicht tue, was ich sage.«[3.]

Mit anderen Worten: Der Ursprung allen Konflikts zwi-
schen Mensch und Mensch, der zugleich für viele der Ur-
Sprung des frustrierten Sinngefühls ist, resultiert aus der
Uneindeutigkeit ihres menschlichen Seins und Verhaltens.

Warum ist das so?

Was die Weisen aller Zeiten gesehen und gesagt haben,
wird auf beeindruckende Weise von jeder fundierten Psychotherapie bestätigt:

Das *Wesen* des Menschen will Einheit und Ganzheit, will
nicht Gespaltenheit. Das Wesen des Menschen braucht
Klarheit und wehrt sich gegen ein Zuviel an Schatten. Das
Wesen des Menschen verlangt nach Wahrhaftigkeit und
wehrt sich deshalb gegen jede Form von subjektiver oder
objektiver Lüge. Und weil es für den Menschen nichts
Wichtigeres gibt als die Art und Weise, wie er mit sich und
seinesgleichen umgeht, und gerade in der zwischen-
menschlichen Beziehung das Wesen des Menschen am *un-
mittelbarsten* herausgefordert wird, ist für die meisten existentiell frustrierten Menschen die *Uneindeutigkeit* der Ursprung ihres Leidens.

Die daraus resultierende Aufgabe ist damit klar: »Es
kommt einzig darauf an«, fährt Buber fort, »bei sich zu

beginnen, und in diesem Augenblick habe ich mich um nichts anderes in der Welt als um diesen Beginn zu kümmern. Jede andere Stellungnahme lenkt mich von meinem Beginnen ab, schwächt meine Initiative dazu, vereitelt das ganze kühne und gewaltige Unternehmen.«[4] Auf die *Eigenverantwortlichkeit* also kommt es an.

Ein besonderer Zugang zur Eigenverantwortlichkeit ist die Bewußtmachung der negativen *Projektion*, jener unseligen Neigung des Menschen, persönlich Unbewältigtes auf andere Personen zu schieben. Wie aber mache ich sie mir bewußt?

Der pragmatische Weg besteht in der täglichen Einübung des Buber-Ansatzes: Sage ich, was ich meine, und tue ich, was ich sage?

Der gründliche Weg, der selbstverständlich den pragmatischen einbeschließt, ist der der *Erhellung* der Persönlichkeit. Persönlichkeitserhellung ist Erhellung der Geschichte eines Menschen von den Anfängen bis zur Gegenwart. Die beiden Leitfragen lauten: Was gestehe ich mir ungern ein (das persönlich Unbewältigte: der *Schatten*)? Und: Wozu bin ich potentiell fähig (das persönlich Unbewältigte: die *ungelebten Möglichkeiten*)?

Eine meiner Erfahrung nach besonders tiefgreifende Möglichkeit, sich selbst unmittelbar kennenzulernen – nicht nur die Projektionen und Sinnfindungsbarrieren, sondern auch den »unbewußten Geist« (Frankl) mit seinen schöpferischen Möglichkeiten – ist die »ziel- und wertorientierte Imagination«. Erlauben Sie mir, sie Ihnen in einem Exkurs in aller Kürze vorzustellen:

Exkurs: Die ziel- und wertorientierte Imagination

Imaginationen sind behutsam geführte Gespräche in der »inneren Welt« zwischen dem Imaginierenden und seinem Begleiter. Die von mir begleiteten dauern zwischen 40 und 60 Minuten.

Imaginationen sind, allgemein gesagt, bewußt herbeige-
rufene Träume. Sie sind »Wanderungen« in die innere
(unbewußte) Welt, in der wir Zugang zu *den* Gefühlen
finden, die für unser gesamtes Leben bestimmend sind.
Ziel- und wertorientierte Imaginationen intendieren *bestimmte* Inhalte, die der Imaginierende sich neu erschließen möchte.

Die innere Welt ist die Welt der Seele, deren Mitte der
»unbewußte Geist« (Frankl) ist. Der Geist aber ist die »Heimat« des Sinnbedürfnisses und des ursprünglichen Sinngefühls.

Die innere Welt zeigt sich in Bildern, in Symbolen. Die
Bilder (imago = das Bild) sind die Gesichter der Gefühle.
Die Gefühle aber sind bildhafter Ausdruck unserer inneren
Kräfte, der bedrohlichen ebenso wie der beglückenden, der
sinnverweigernden ebenso wie der sinnvollen. Sie zeigen
die Ursachen, die einen Menschen an der Entfaltung seiner
Möglichkeiten hindern, sie zeigen aber auch die Werte, auf
die es im Leben ankommt.

Die Gefühle, die sich in Symbolen zeigen, fordern uns
dazu heraus, uns mit der »hinter« ihnen liegenden Wirklichkeit vertraut zu machen und sich mit ihr auseinander-
zusetzen.

Jeder Mensch hat innere Bilder. Jeder hat Bildbewußtsein. Und
jede menschliche Seele hat die Tendenz, das, was in ihr vor-
geht, in anschauliche Bilder zu übersetzen. So entstehen, wie
wir es auch von Mythen, Märchen und Träumen kennen, aus
Gedanken und Gefühlen Gestalten und Geschichten.

Gerade weil der existentiell frustrierte Mensch wort-
müde ist und seine bewußten Vorstellungen vom Leben
keine Attraktivität mehr haben, sind für ihn innere Bilder
ein *neuer* Zugang zum Wert- und Sinnerleben.

Weil die Bilder farbig, plastisch und gefühlvoll sind,
kommt der Imaginierende seinen unbewußten Vorgängen
sehr nahe. Er wird so unmittelbar von ihnen angesprochen,
als handele es sich dabei um eigenständige Personen. Auf

diese Weise gelangt er zu einem ganzheitlichen und intensiven Erleben und wird deshalb zur existentiellen Auseinandersetzung herausgefordert. Er erfährt eine komplexe Bearbeitung des Vergangenen und erlebt neue Zugänge zum gegenwärtigen Seins- und Sinnerleben.

Ein Beispiel für die ziel- und wertorientierte Imagination:

Mit einer etwa 50jährigen Frau »wanderte« ich zum »Ort der inneren Heimat«. Die Frau hatte trotz relativ guter äußerer Lebensbedingungen nicht das Gefühl, im Leben zu Hause zu sein. Sie fühlte sich schon lange depressiv. Die Imagination notierte sie unmittelbar nach deren Beendigung und stellte sie mir zur Verfügung:

»Von einer Höhle aus wandere ich tiefer und immer tiefer. Mein Weg nach unten führt mich auf einen langen Gang, auf dem ich weitergehe. Ich bin ein Kind.

Nach einiger Zeit begegnet mir ein Weiser. Er trägt ein weißes Gewand. Er fragt mich nach meiner inneren Heimat. Ich antworte ihm: »Das ist mein Elternhaus.« Er schweigt.

Ich wandere weiter. Ich wachse. Ich komme in ein hohes Gewölbe, an dessen linker Seite ein thronähnlicher Sessel steht, auf dem der mir schon bekannte Weise sitzt. Nun frage *ich* ihn nach meiner inneren Heimat. Er gibt mir zu verstehen, daß ich sie selbst zu suchen habe.

Auf der rechten Seite des Gewölbes entdecke ich drei große Tore: Das eine ist gelb, das andere blau, das dritte rot. Ich gehe durch das gelbe Tor und befinde mich in Frankreich. Da geht es sehr fröhlich zu. Herrlich ist dieses »laisser vivre« (»leben lassen«)! Wie spießbürgerlich dagegen ist meine jetzige Heimat! Dann aber spüre ich, daß ich *hier* meine Heimat doch nicht finden werde.

Ich gehe durch das blaue Tor und bin in Spanien. Mich empfängt der Neujahrsgruß: »Glück, Gesundheit, Geld und – die Zeit, es zu genießen.« Das gefällt mir. Doch wieder schleichen sich Zweifel ein. Nein, auch hier kann ich nicht bleiben.

Ich gehe durch das rote Tor und komme nach Kreta. Hier fühle ich mich als Träger jahrhundertealter Kultur. Doch auch das kann mir nicht genügen.

Ein wenig resigniert suche ich den Weisen auf und frage ihn noch einmal nach meiner inneren Heimat. Wieder lautet seine Antwort: »Du mußt sie selbst suchen und finden.«

Da entdecke ich im Hintergrund des Gewölbes eine mit Girlanden geschmückte Tür, über der das Wort »Heimat« steht. Ich öffne sie und sehe meine gesamte Familie: meinen Mann, meine Kinder und beide Elternpaare. Sie sagen mir, ich möge mich gemütlich setzen und mit ihnen heiter den Tag verbringen. Ich aber will mit ihnen reden! Doch das will niemand von ihnen. Sie vertrösten mich auf den nächsten Tag. Morgen aber will *ich* für sie keine Zeit haben und gehe fort.

Nun sehe ich kein Tor mehr. Zurückgehen kann ich auch nicht. Fieberhaft suche ich nach einer neuen Möglichkeit, meine innere Heimat zu finden. Da sehe ich hinter dem Sessel des Weisen einen weiterführenden Gang. Er ist sehr eng. Nur mit großer Anstrengung zwänge ich mich durch ihn hindurch. Ich überwinde mich und gehe ihn weiter. Nach einiger Zeit gelange ich in eine runde Höhle. Dort steht eine Staffelei mit einer Leinwand. Drei Farbtuben liegen daneben: eine weiße, eine schwarze und eine goldene. Mir ist klar, daß ich mit diesen Farben ein Bild malen soll.

Ich male die linke Hälfte weiß, die rechte schwarz. Rundherum male ich einen goldenen Rand als Zeichen der Harmonie. Irgendwie überzeugt mich jedoch das Bild nicht. Mir ist unbehaglich zumute.

Ich wische die Farben wieder weg und male ein neues Bild. Nun lasse ich sie miteinander korrespondieren. Das Bild sieht jetzt aus wie ein Backgammon-Spiel. Beide Farben wechseln einander ab und bilden so eine *Ganzheit*. Die goldene brauche ich nicht mehr.

Lange sehe ich mir das Bild an. Allmählich verstehe ich, was es mir sagen will. Während ich es auf mich wirken lasse, verändert sich mein Gefühl. Jedwedes Unbehagen weicht von mir. *Neue* Gefühle, wie ich sie nie erlebt habe, ziehen durch mich hindurch.

Ich gehe aus der Höhle hinaus und laufe ans Meer. Ich werfe mich ins Wasser und bin voller Freude. Alles stimmt. Ich habe das Gefühl, in diesem wechselvollen Leben zu Hause sein zu können.«

4. Wer Sinn sucht, muß Werte suchen. Wer Werte sucht, muß seine inneren und äußeren Augen öffnen und *hin*sehen auf das, was ihm innerlich und äußerlich begegnet. Und dazu ist jeder Mensch in der Lage. Auf besonders eindrucksvolle Weise hat Romano Guardini die Beziehung von Mensch und Wert und Sinn beschrieben:

»Wir sehen ein Ding, empfinden seine Eigenart, seine Größe, seine Schönheit, seine Not – und sofort, wie ein lebendiges Echo, antwortet darauf etwas in uns selbst, wird wach, erhebt sich, entfaltet sich. Kann man doch den Menschen geradezu jenes Wesen nennen, das fähig ist, mit seinem inneren Sein auf die Dinge der Welt zu antworten und eben darin sich selbst zu verwirklichen . . . und darin ›zu sich selbst zu kommen‹ . . . Wir haben gesehen, daß er das Ding nicht einfach so erfaßt, wie es vor ihm steht, sondern aus seiner Erscheinung das Wesen herausschaut; ebenso tritt in der Begegnung auch sein eigenes Wesen hervor; etwas von dem, was er nicht bloß alltäglich, sondern zuinnerst ist. Das hat nichts mit Selbstbespiegelung zu tun – . . ., sondern ist ein Erwachen des Sinnkerns, wie beim Ding, nur aber des eigenen.«[5]

Die *Möglichkeit*, »mit seinem inneren Sein auf die Dinge der Welt zu antworten«, ihren Wert zu erkennen, zu erfühlen, sich ihnen gegenüber zu verantworten und so neue Sinnerfahrungen machen zu können, ist auch dem existentiell frustrierten Menschen nicht abhanden gekommen. Er hat diese Möglichkeit nicht verloren, weil er die Möglichkeit nicht verloren hat, über sein eigenes Ich hinaussehen zu können. Die Frage ist nur, ob er, dem die Hoffnung auf ein buntes und warmes Dasein mehr oder weniger abhanden gekommen ist, überhaupt noch »Sinn-Kerne« suchen *will*!

5. Ob sich ein Mensch wieder – oder vielleicht zum ersten Mal – auf die Suche nach Sinn einlassen will, wird sich erst dann herausstellen, wenn er die *Tiefe* seines Frustriertseins fühlt, wenn er sie beim Namen nennt, wenn ihm bewußt wird, was für ihn auf dem Spiel steht. Erst wenn er klar genug erkennt und fühlt, *was* er verloren oder noch nicht gefunden hat, wird er sein ur-sprüngliches Bedürfnis nach Sinn (wieder) fühlen und sich zur weiteren Sinnsuche herausfordern lassen.

Seine Suchhaltung hängt darüber hinaus davon ab, ob er tief *genug* fühlt, daß niemand außer ihm dafür verantwortlich ist, ob er sucht – oder nicht, ob er aus der »Erscheinung (des Dings) sein Wesen heraus-schaut« – oder nicht. Er wird jedoch – als Kind dieser Zeit – die Herausforderung zur Verantwortlichkeit nur in dem Maße als Chance für sich sehen, in dem er sie weniger als Verpflichtung, sondern mehr als *seine* Möglichkeit erkennt, sein eigenes Leben selbst gestalten zu können.

6. Wer Sinn sucht, muß nicht nur Werte suchen – innen und außen –, er muß auch *handeln*. Es reicht nicht, über das Leben nur nachzudenken und ihm nachzufühlen. Ganz wird ein Mensch und sinnvoll lebt er nur dann, wenn er die Trias Denken-Fühlen-Handeln so weit wie möglich im Blick hat und aus-*lebt*. Wer das Handeln in seiner Bedeutung für die Entwicklung des Lebensgefühls unterschätzt, beachtet nicht, daß erst das *Tun* die Voll-Endung der seelisch-geistigen Prozesse herbeiführt. Leben zu interpretieren ist wichtig, Leben zu verändern ist wichtiger.

Scheitert aber nicht gerade der existentiell frustrierte Mensch daran, daß er nicht weiß, was er persönlich tun soll?

Gewiß, das ist oft der Fall. Ich kenne auch nicht wenige, die in selbstzerstörerischer Weise darauf warten, daß sich ein bestimmtes Motivationsgefühl in ihnen einstellt.

Es gibt aber nicht nur die Möglichkeit des Wartens – es gibt auch die, mit *Naheliegendem* zu beginnen. Diesen scheinbar hausbackenen Vorschlag wage ich zu machen, weil ich weiß, daß viele Tätigkeiten unerwartet *neue* Gedanken und *neue* Gefühle auslösen – und seien es nur die, daß ich endlich weiß, was ich nicht will. Fängt man jedoch gar nicht erst an, wird man auch keine neuen Erfahrungen machen. Die typisch abendländische Formel: »Aus Erkenntnis folgt Handlung« ist nicht die allein seligmachende Weisheit. Es gibt auch die andere (sie ist im jüdischen Denken verwurzelt): »Aus Handlung folgt Erkenntnis.«

Ein älterer Mann, dessen Sinnlosigkeitsgefühl beängstigende Formen angenommen hatte, erlebte diesen Traum:

Er ging durch dunkle Straßen. Immer wieder stieß sein Fuß an Widerstände. Plötzlich brach der Weg ab. Ein Abgrund tat sich vor ihm auf. Panik überkam ihn. Er kehrte um. Doch auch der Rückweg war ihm versperrt. Wieder kehrte er um, und wieder stand er vor dem Abgrund.

Da geschah es: Wie von unsichtbarer Hand gezogen, machte er einen Schritt nach vorn – scheinbar in die gähnende Tiefe hinein. Er fiel *nicht*. Unter ihm hatte sich ein Stück Weg gebildet. Und mit jedem weiteren Schritt, den er tat, bildete sich ein neues Stück Weg.

Was geschah, konnte er kaum fassen. Rascher und rascher wurden seine Schritte. Bald hatte er den Abgrund, der keiner mehr war, überwunden – und stand im frischen Licht der aufgehenden Sonne.

7. Wie das Sinnbedürfnis, so ist auch die Selbsttranszendierung, die Fähigkeit, über sein eigenes Ego hinauszusehen, eine unverlierbare Möglichkeit des Menschen. Weil auch der unter Sinnmangel leidende Mensch diese Möglichkeit nicht verloren hat, sehnt er sich nach wie vor danach, sie Wirklichkeit werden zu lassen – selbst dann noch, wenn ihm nicht einmal mehr sein Sehnen bewußt ist.

Selbsttranszendierung in ihrer letzten Ausformung ist

Liebe, Liebe als Wohlwollen dem Leben gegenüber. Niemand aber erfährt mehr Sinn als der, der liebt.

Der hilfreichste Zugang zu den verschütteten Quellen der Liebe ist die *Anschauung* dessen, was jemand lieben will, soll und kann[6]. Ein einfaches Beispiel nur für diese wesentliche Lebenshilfe:

Sie begegnen einem Ihnen unbekannten Menschen. Sie sind so stark mit Ihren Mißgefühlen beschäftigt, daß sich im Nu Ihre mißlichen Gefühle gegen den anderen richten. Sie wollen nichts mit ihm zu tun haben. Er spricht Sie an. Mit einem Rest von Kultur reagieren Sie auf das, was er sagt. Dann schweigen Sie.

Irgendwann streift Sie der Gedanke, daß Sie sich nicht sehr galant verhalten. Sie reißen sich zusammen und richten nun Ihrerseits ein paar Worte an ihn. Er schaut Sie freundlich an.

Sie schauen nicht gleich weg. Sein Gesicht überrascht Sie. Sie entdecken einen sympathischen Zug in dem fremden Gesicht. Ihre Mißstimmung zieht sich zurück. Sie schauen ihn länger an. Sie kommen ins Gespräch. Das Gespräch wird interessant. Was der andere sagt, gefällt Ihnen. Wie er es sagt, finden Sie bemerkenswert. Sie möchten ihn näher kennenlernen.

Der andere hat längst Ihre anfängliche Abwehr vergessen. Er öffnet sich Ihnen mehr und mehr, Sie sich ihm auch. Im Lauf der Zeit staunen Sie über vielerlei: über die Art, wie er dasitzt, über seine feingliedrigen Hände, über seine zu ihm passende Kleidung etc. Sie lernen seine Geschichte kennen. Was er erzählt, finden Sie bemerkenswert. Sie gewinnen Achtung vor ihm.

Er lädt Sie zu sich ein. Sie willigen gern ein. Das ist der Anfang Ihrer Freundschaft.

8. Es gibt auch Widerstände gegen Sinnfindung, die zweifelsfrei durch die Außenwelt ausgelöst werden. Sie sind ein relativ neues und im psychotherapeutischen Bereich bislang nicht

genug beachtetes Problem: Existentielle Frustration kann auch die Folge inhumaner Strukturen sein, deren Auswirkungen feinsinnige Menschen bewußt erleben und daran leiden. Ihre Träume wissen davon oft mehr als ihr Verstand. Sie leiden unter dem Irr-Sinn eines technologischen Fortschritts, der kaum noch danach fragt, ob die von ihm gerufenen Geister für den Menschen auch bekömmlich sind. Und in der Tat scheint es so, als habe seine Anpassungsfähigkeit Grenzen. Darüber wäre viel zu sagen.

Sicher ist, daß dieser Aspekt in zweifacher Hinsicht zur Neubesinnung herausfordert: zum einen zur Besinnung auf die Notwendigkeit politischer Einflußnahme derer, die konkrete Zeitzeugen existentieller Frustration sind, zum anderen zur konkreten Herausforderung der Leidenden selbst, *persönlich* auf ihre Um-Welt Einfluß zu nehmen, um sie, so weit wie möglich, verändern zu helfen. Denn jeder konkrete Schritt, Leben menschlich zu gestalten, wird den, der daran mitarbeitet, auch einen Schritt näher an sich selbst heranbringen.

KAPITEL 5

Das Wichtigere als die Angst

Als Paola, eine 37jährige zierliche Italienerin (Name und biographische Daten sind geändert), zu mir kam, litt sie schon zehn Jahre an starken Ängsten. Psychotherapeutische Behandlung hatte ihr vorübergehend Hilfe gebracht, die Störungen waren jedoch bald nach Beendigung der Behandlung wieder aufgetreten.

Paola hatte Angst vor dem kommenden Tag, Angst, allein zu Hause zu sein, Angst, allein das Haus zu verlassen, Angst, ihr Mann und ihre Tochter könnten verunglücken. Sie hatte Angst vor dem Leben, Angst vor dem Tod, Angst vor der Angst. Starke körperliche Probleme – Kreislaufstörungen, Herzsensationen, Atembeschwerden u.ä. – begleiteten die seelische Not (organische Krankheitsbefunde lagen nicht vor). Das Leben war für sie »unberechenbar« geworden.

Zur Lebensgeschichte

Paolas Verhältnis zum Vater war schon immer schwierig. Ihre »feine Art« war ihm fremd. Sie lebten in verschiedenen Welten. Nähe zwischen beiden gab es selten.

Die Mutter liebte sie, und sie liebte die Mutter. Doch weil die Ehe der Eltern nicht gut war, hatte die Mutter dem Vater oft mit Selbstmord gedroht. Der Tochter waren diese Ankündigungen nicht entgangen. So hatte sie schon früh die Brüchigkeit von Leben kennengelernt.

Dann kam der Tag – Paola war fünfzehn Jahre alt –, der ihr Leben radikal veränderte: Die Mutter verunglückte tödlich, in ihrer unmittelbaren Nähe. Sie wurde von einem Auto überfahren. An diesem Tag riß das Netz des Vertrauens ins Leben – scheinbar endgültig.

Im Krankenwagen, in dem sie die tote Mutter begleitete, herrschte man sie wegen ihres verzweifelten Weinens an. Der Vater verbot ihr zu trauern. Auch die Geschwister hatten Trauerverbot. Selbst auf dem Friedhof weinte Paola nicht. Ein halbes Jahr später – sie befand sich, wie so oft, allein in ihrem Zimmer – brach sie zusammen. Sie glaubte, sterben zu müssen. Todesangst durchflutete sie. Ihr Herz jagte. Sie verlor den Halt. Sie stürzte hin. Es war, als bräche die Welt unter ihr auseinander. Als sie sich von ihrem Angstanfall erholt hatte, war niemand da, dem sie sich hätte anvertrauen können. Ärztliche oder psychotherapeutische Hilfe wurde nicht in Betracht gezogen. Ängste dieser Art brachen vorläufig nicht wieder auf.

Ihre Ausbildung zur Krankenpflegerin konnte sie ohne größere Probleme beenden. Mit 20 Jahren reiste sie nach Deutschland, um ein fremdes Land kennenzulernen. Sie blieb, weil sie ihrem späteren Mann begegnete. Doch nicht er war es, der sie besonders anzog, es war seine Familie, die ihr viel bedeutete. Das aber erkannte sie erst später.

Die Ehe verlief zunächst nicht glücklich. Ihren Mann fand sie initiativlos. Sie selbst langweilte sich, wurde jedoch auch nicht aktiv. 25jährig bekam sie ihr erstes und einziges Kind, eine Tochter. Sie machte sie zur Hauptsache ihres Lebens. Während der Schwangerschaft waren neue und alte Fragen aufgebrochen: Kann *ich*, so wie ich bin, anderes Leben tragen? Ist es sinnvoll, ein Kind in die Welt zu setzen? Wozu bin *ich* da? Hat Leben überhaupt Sinn?

Auf diese Fragen hatte sie keine Antworten gefunden. Wieder setzten starke Ängste ein. Sie verloren sich auch nach der Geburt des Kindes nicht. Fortan blieb sie zu Hause. Wenn sie es verließ, dann nur an der Seite ihres Mannes. In den folgenden Jahren starben mehrere ihr nahestehende

Menschen. Auch ihr Bruder starb. Ihr Eindruck vertiefte sich, daß nichts weniger möglich sei, als dem Leben zu vertrauen. Ihre Angst verdichtete sich. Zu Hause fühlte sie sich wie eine Gefangene. Wie gern hätte sie, wie andere Mütter auch, ihre Tochter der staunenden Welt vorgeführt oder, in späterer Zeit, sie von der Schule abgeholt!

Die Ehe blieb nicht nur langweilig, sie wurde auch schwieriger, weil zunehmend symbiotisch. War ihr Mann zu Hause, fühlte sie sich angstfrei. Zugleich aber nahm er ihr »die Luft zum Atmen«, weil er ihr – aus Mangel an Phantasie für eigene Wünsche – die Hausarbeiten abnahm, die zu ihren wenigen sinnvollen Aufgaben gehörten. Er wiederum genoß ihre Abhängigkeit von ihm, weil er das Gefühl entwickeln konnte, für sie wichtig zu sein.

Aggressivität auf der einen, Dankbarkeit auf der anderen Seite bestimmten die Beziehung zu ihm, übermäßige Liebe und Sorge die zu ihrer Tochter. Unter diesen Gefühlen aber dominierte die Angst um ihr eigenes Dasein. So war die Situation, als Paola zu mir kam. Im folgenden werde ich einige mir wichtig erscheinende Hilfen beschreiben. Ich nehme an, daß sie auch für andere geängstete Menschen Anregungen sein könnten.

Hilfen

1. Zunächst beschäftigten wir uns mit folgenden Fragen: Wann, wo, in welcher Situation und auf welche Weise kommt die Angst zum Vor-Schein? Welche anderen Gefühle löst sie aus? Hat die Angst einen Namen? Hat sie keinen Namen? Sagt sie mir etwas? Sagt sie mir nichts? Fordert sie mich zu etwas Bestimmtem heraus? In welche Tiefe reicht sie? Erlebe ich schwerere und leichtere Ängste? Welche Angst bedrängt mich am meisten? In welchem Körperbereich spüre ich sie am deutlichsten? Fällt mir dazu ein Bild ein? Auf welche Weise könnte ich das, was ich bildhaft vor mir sehe, verändern? Fragen dieser und anderer Art ermöglichen nicht nur ein

deutlicheres Erkennen des Problems, sie schaffen auch eine *aktive* Beziehung zur Angst und wirken dadurch bereits entlastend. Sprache finden für das Bedrohliche vermindert das Bedrohende. Und: In dem Maße, in dem der geängstete Mensch sein Erleben zu differenzieren beginnt, vermindert sich der globale Druck, der von dem anonymen Angstgefühl ausgeht.

2. Die Gegenwart ist der »Ort«, an dem der Mensch existiert. Frei *für* gegenwärtiges Leben ist allerdings nur der, der *das* Vergangene aus-getrauert, aus-geweint und aus-gezürnt hat, das ihn bislang nicht zum Leben *in* der Zeit kommen ließ. Es ist eine blanke Illusion, zu meinen, dieser Durch-Gang sei zu umgehen! An Paolas Begegnung mit der Vergangenheit zeigte sich, was wir auch aus anderen Lebensgeschichten kennen: daß die Seele, solange sie keine Hoffnung auf Befreiung fühlt, die schmerzhaftesten Erinnerungen verkapselt. Doch weil es *diese* seelischen Inhalte sind, die das gegenwärtige Lebensgefühl zentral bestimmen, kommt es darauf an, gerade *sie* zum Vor-Schein kommen zu lassen. Gewiß, die meisten Menschen *wissen* von den alten Schmerzen und vielleicht auch, wodurch sie ausgelöst wurden. Die wenigsten aber sind sich der *Tiefe* dieser Gefühle und deren Wirkungen auf die Folgezeit bewußt. So erging es zunächst auch Paola. Mit Hilfe ihrer Träume und den sich daran anschließenden Gesprächen erschloß sich ihr jedoch allmählich ihre verletzte innere Welt.

Sie begann zu *fühlen*, daß sie sich unter dem alten Druck nur zögerlich hatte entwickeln können. Deshalb begann sie auch zu verstehen, daß ihre übermäßigen Ängste keineswegs zu ihrer Natur gehörten, sondern das Ergebnis ihrer Geschichte waren. Die gefühlte Einsicht: – »Ich bin im Grunde nicht so, wie ich mich heute erlebe« – weckte ihre Wünsche nach einem echteren und ihr gemäßen Leben. So fing sie an, von sich *selbst* und den noch immer auf sie wartenden Möglichkeiten zu träumen.

3. Werte sind Kräfte, allerdings nur dann, wenn wir ihnen Kraft

verleihen. Wir verleihen ihnen Kraft, wenn wir uns in sie ein-denken, ein-fühlen und schließlich ein-leben. Wer wissen will, welche Werte für ihn wichtig sind, sollte zunächst nach seinen *Wünschen* fragen. Denn *sie* sind ungefähre Wegweiser in das Land der persönlichen Werte. Nicht immer, aber auch nicht selten decken sich Wunsch und Wert. Wer gründ-licher die für ihn relevanten Werte erfahren will, der muß sich *selbst* erfahren.

Welche Werte wollte Paola leben? Wie wollte sie sein? Wie – aus der Sicht ihrer Seele gefragt – sollte sie sein, und was sollte sie tun? Neben ihrem Wunsch, sich von ihren übermäßigen Ängsten zu befreien, dachte, fühlte, träumte sie sich in die Möglichkeit ein, ihrem Mann gegenüber mehr Stehvermögen zu entwickeln, ihre Tochter mehr als bisher loszulassen, sich »normal« am Straßen- und Geschäftsleben zu beteiligen, sich um Weiterbildung zu bemühen, an der Lösung öffentlicher Probleme mitzuarbeiten und liebesfähiger zu werden. Diese gefühlten wert-vollen Visionen beflügelten ihre Bereitschaft zur Mitarbeit und gaben unseren gemeinsamen Bemühungen eine klare Richtung. Gefühlte wert-volle Visionen, wenn sie nicht utopisch sind, beflügeln *jeden* Menschen. Sie erfrischen den in jedem angelegten Primärwunsch nach einem sinner-füllten Leben. Deshalb muß man Werte zu *Magneten* werden lassen.

4. Eingefühlte Werte werden attraktiv. Sie ziehen uns an. Sie vermitteln uns Kraft. Sie ziehen uns in neues Leben hinein. Sie verschaffen uns neue Freiheiten. Und doch: Da wir nicht allein auf der Welt leben, ist es notwendig, nicht nur nach der eigenen (neuen) Freiheit zu fragen, sondern auch danach, ob und in welcher Weise andere mit unserem veränderten Sein und Verhalten umgehen können. Es war also notwendig, Paolas Partner in die Gespräche einzubeziehen. Nach harten Ausein-andersetzungen kam es so, wie es immer kommt, wenn der Partner eines leidenden Menschen einen neuen Blick für die Situation gewinnt: Ihm ging auf, daß er seiner Frau durch seine

permanenten Rat-Schläge und ichbezogenen Hilfsmaßnahmen nicht nur nicht half, sondern sie zusätzlich einengte. Er wurde ihr gegenüber aufmerksamer. Er lernte, zwischen seinen und ihren Bedürfnissen zu unterscheiden. Er begann, sie zu lieben. Und so gewann – wie sollte das anders sein? – auch sein eigenes Dasein an Weite und Tiefe.

Seit geraumer Zeit ist mir bei Partnerschaftsgesprächen die Typologie des Enneagramms eine große Hilfe. Wir hören es nicht gern, aber es ist so: Kein Mensch ist so einzigartig, daß nicht auch er, mehr oder weniger, einem bestimmten Menschentypus angehört: Ich muß die Dinge richtig machen, sagt der »Reformer«. Ich muß helfen, fordert der »Helfer«. Ich muß Erfolg haben, stellt der Erfolgsmensch klar. Ich muß ein Besonderer sein, bekennt der Romantiker. Ich muß Durchblick haben, weiß der Beobachter. Ich muß meine Pflicht tun, äußert der Loyale. Ich muß stark sein, behauptet der Führer. Ich muß in Harmonie leben, fühlt der Ursprüngliche.

Die unterschiedlichen Ausdrucksformen, Lebenseinstellungen und Wertgefühle, die mit jedem Typus verbunden sind, bestimmen gravierend die Beziehungen von Mensch zu Mensch und in besonderer Weise die Partnerschaft. Darum kann es für Partner wichtig sein, sowohl das eigene als auch das typische Wesen des anderen differenziert zu kennen.

Paola zeigte sich als »Loyale«, deren vorrangiger Wert in der Pflichterfüllung liegt. Deshalb ließ sie es zu, daß ihr Mann, ein Helfer-Typus (der braucht es, gebraucht zu werden), sie mit seiner »Zuwendung« jahrelang einengen durfte, ohne daß sie ihm energischen Widerstand leistete. Hätte sie eher erkannt, daß sie aufgrund ihrer Struktur dazu neigt, die Ehe wichtiger zu nehmen als ihre eigene Persönlichkeit – sie hätte sich eher für sich selbst eingesetzt. Hätte ihr Mann früher erkannt, daß er aufgrund seiner Struktur dazu neigt, unter dem Deckmantel der Liebe seiner Frau seine Hilfe aufzuzwingen – er wäre früher auf die Idee gekommen, sie zum Gebrauch ihrer eigenen Kräfte herauszufordern.

5. Was sind denn seelische Störungen? Sie sind – das gilt meiner Auffassung nach für deren überwiegenden Teil – Symptome ungelebter Lebens-*Möglichkeiten*, nicht gelebter Möglichkeiten von Freiheit und Verantwortung. Daher sollten sie weniger unter dem Aspekt der Krankheit, sie sollten mehr unter dem Aspekt der Herausforderung zur Erweiterung und Ganzwerdung der Persönlichkeit verstanden werden.

Lege ich einem seelisch leidenden Menschen nahe, sein Problem als Krankheit zu verstehen, neigt er dazu, auf das konkrete Symptom, nicht aber auf den energetischen Fluß zu sehen, der darauf drängt, störungsfrei fließen zu können. Für Paola jedenfalls war diese Sicht ihres Problems ein großer Gewinn. Dadurch erweiterte sich ihr Denk- und Fühlrahmen. Sie begriff, daß Menschsein heißt, nicht nur auf seine *Not* selbst Einfluß nehmen, sondern sich auch *selbst* ändern zu können – im Denken, Fühlen und Handeln. Sich ändern können setzt die Möglichkeit zu freier Entscheidung voraus. Hatte Paola diese Voraussetzung?

Viel Schweres aus alter Zeit hatte sie aus-getrauert und aus-gezürnt. In vieles, was sie zukünftig tun wollte, hatte sie sich ein-gedacht und ein-gefühlt. Sie fühlte neue Möglichkeiten für ihr bisher sinnarmes Leben. Hinzu kamen weitere Anregungen:

* Noch einmal wanderte sie durch ihre Vergangenheit, dieses Mal mit der Frage, in welchen Situationen sie unnötigerweise *ausgewichen* sei. Sie staunte über das Ergebnis: Wie oft hatte sie von der Möglichkeit freier Entscheidung *keinen* Gebrauch gemacht? Darüber staunte sie nicht nur, sie schüttelte auch manches Mal über sich selbst den Kopf. Wie oft hätte sie ihrem Leben eine andere Richtung geben können – wenn sie weniger ausgewichen wäre.

* Wich sie auch heute aus? Sie brauchte nicht lange nach Antworten zu suchen. So stark hatte sie die Angst zur Mitte ihres Denkens und Fühlens werden lassen, daß sie vieles von dem, was sie trotz der Ängste hätte tun können, nicht

getan hatte. Das begriff sie und war empört über ihre eigenen Ausweichmanöver. Wer sich jedoch über sich selbst empört, beginnt sich aufzurichten.

* Ein anderes Mal wanderte sie durch die Vergangenheit mit der Frage, in welchen Situationen sie sich frei gefühlt habe. Ich bat sie, sich die Erinnerungen möglichst anschaulich kommen zu lassen. Das Ergebnis: Wieder staunte sie, dieses Mal darüber, daß sie das Gefühl der Freiheit durchaus kannte – und nicht nur das Gefühl, sondern auch die damit verbundenen konkreten Möglichkeiten.

* War ihr denn das Gefühl von Freiheit heute gar nicht vertraut? Sie kannte es aus Situationen, in denen ihr dem Gatten gegenüber »der Kragen platzte« und sie tat, was sie tun wollte. Wir ließen uns Zeit, diesen Situationen so nahe wie möglich zu kommen. Je näher sie ihnen kam, desto stärker fühlte sie sich. Es ging ihr auch auf, daß dann, wenn sie ihre Meinung sagte, *nicht* das eintrat, was sie insgeheim so oft befürchtete: Ihr Mann strafte sie *nicht*, wenn sie ihm gegenüber offen war, im Gegenteil: Es schien für ihn sogar eine gewisse Genugtuung zu sein, wenn sie mit ihren Ansichten nicht hinter dem Berge hielt. Und noch etwas wurde ihr klar: Wann immer sie sagte, was sie dachte, und tat, was sie wollte, verminderten sich fast schlagartig ihre Ängste.

* Ich bat sie, die Augen zu schließen, sagte entspannende Worte und regte sie an, sich *Ein-Fälle* zu dem Wort »Freiheit« kommen zu lassen. Sie war überrascht über die Vielfalt der Ideen, mit denen sie lebte und die ihr nicht bewußt gewesen waren. Ich bat sie, *Bilder* zu »Freiheit« kommen zu lassen. Es kam, wie ich es ihr gewünscht hatte: Die Bilder berührten sie stark und intensivierten ihre Hoffnungen auf ein angstfreieres Dasein.

Wichtig bei diesen Hilfen war, daß nicht nur der Verstand,

sondern auch das Gefühl mitarbeitete. Denn nur wer tief genug fühlt, was er erkennt, wird tun, was er weiß. Nur wenn seine Einsicht gefühlvoll ist, wird er starke Motive zum Handeln haben. Nur wenn sich der ganze Mensch an der Umsetzung von Erkenntnis in Handlung beteiligt, werden aus Gedanken Taten.

6. Möglichkeiten von Freiheit können nicht nur wahrgenommen, sie können auch *wahrgemacht* werden. Sie werden in dem Maße wahrgemacht, in dem jemand lernt, in bedrängenden Situationen auf das zu sehen, was *wichtiger* ist als die Angst. Diese Möglichkeit, von Viktor Frankl »Dereflexion« genannt, gehört zu den menschlichsten Hilfen, die ein geängstigter Mensch sich aneignen kann.

Auf das Wichtigere als die Angst sehen! Denn wer sich seinen angst-vollen Gedanken hingibt, der fixiert sich auf sie, der wird von ihnen aufgesogen, dem verengt sich der äußere und der innere Horizont, der sieht keine Aus-Wege mehr und erst recht keine Glücks-Wege. Konkret sah die Dereflexion in der Arbeit mit Paola beispielsweise so aus:

Sie wurde angehalten, jeden Tag vor die Tür zu gehen, einen, fünf, dreißig oder hundert Meter weit zu gehen und auf dem Weg ihren Blick an das zu heften, was sie besonders schön oder interessant finden konnte: Balkone, Haustüren, Vorgärten, Gesichter etc. Sie begriff, daß es nicht darum ging, sich (passiv) ab-lenken zu lassen, sondern (aktiv) den Blick auf das hin-zulenken, was sie am meisten anzog. Sie wurde ermutigt, die Tochter von der Schule abzuholen, auf dem Weg dorthin sich alles anzusehen, was ihr täglich begegnete, und sich immer wieder das erstaunte und freudige Gesicht ihres Kindes an der Schulpforte kommen zu lassen. Bei diesen und anderen Übungen, die wir miteinander aussuchten, war es wichtig, daß Paola selbst entschied, was sie unternehmen, wie weit sie gehen und wie oft sie üben wollte. Auf diese Weise entwickelte sie zunehmend ein Gefühl für die Notwendigkeit, selbst die Verantwortung für die Überwindung ihrer Störungen übernehmen zu müssen – und zu können.

7. Träume zeigen häufig eindrucksvoll, was einen Menschen an der Verwirklichung seiner Möglichkeiten hindert und welche er nicht wahrgemacht hat. Paola hatte zwei Träume:

Der erste Traum: Sie und ihr Mann sehen, daß sich ihr Haus in einem renovierungsbedürftigen Zustand befindet. Ihr kommt die Frage: Sollen wir die notwendigen Arbeiten selber verrichten – oder das Haus renovieren lassen?

Der zweite: Es ist Sommer. Sie sieht ein Kornfeld, in dem ein gedeckter Tisch steht. Um ihn herum sitzen festlich gekleidete Menschen, die auf den Beginn des Festes warten. Sie schläft – neben dem Tisch.

Beide Träume machten sie hellwach. Sie begriff: Ich muß aufstehen. Ich kann und will mich an den Tisch des Lebens setzen. Ich will und kann die Dinge selber in die Hand nehmen. Und sie begriff auch dies: Die Angst füllt mich nicht ganz aus. Ich kann mich von ihr distanzieren. Ich kann mich von ihr trennen. Ich bin nicht identisch mit meinem Angstgefühl.

8. Was veränderte sich in Paolas Leben?

∗   In der ersten Zeit, in der ich sie dazu herausforderte, die Ideen zur Neugestaltung ihres Alltags in die Tat umzusetzen, zeigte sich, daß ihr Wunsch nach Veränderung groß, ihre Angst vor konkreten Veränderungen jedoch größer war. Freiheit ist kein Trieb. Wenn ich frei werden will, komme ich nicht darum herum, Freiheit zu er-leben. Er-leben aber werde ich sie nur dann, wenn ich konkrete Entscheidungen treffe und mich konkret auf sie ein-lasse. Keine freie Tat, die mein Leben verändern soll, ist jedoch risikofrei. Aus Paolas Ahnungen von diesen Zusammenhängen wurden für sie Gewißheiten.

✳ Durch die Rückeroberung des häuslichen Terrains bemerkte sie, daß die Aufgaben sie nicht nur beschäftigten, sondern, zunächst jedenfalls, auch ausfüllten. Ihr ging auf: Veränderungen sind möglich.

✳ Aus der latent aggressiven ehelichen Beziehung entwickelte sich eine offene Partnerschaft, in der sich beide um die Neugestaltung der Ehe bemühten. Voraussetzung dafür war nicht nur Paolas, sondern auch die Bereitschaft ihres Mannes, sich selbst in Frage stellen zu lassen und aus den Antworten Konsequenzen zu ziehen. Es versteht sich von selbst, daß durch die freiere und liebevollere Beziehung der Eltern auch die Tochter aufblühte.

✳ Die neuen Erlebnisse weckten ihren Hunger nach Leben. Sie übernahm kleinere Jobs und freute sich unbändig, selber Geld verdienen zu können. Sie entdeckte Begabungen, die ihr bislang fremd gewesen waren. So gab sie zum Beispiel Privatstunden in Italienisch und staunte über ihr pädagogisches Talent. Sie begann zu reiten und machte mit Pferden die Erfahrung, daß der, der sich auf Leben ein-läßt, am ehesten gelassen sein kann. Durch die Auseinandersetzung mit ihnen lernte sie, daß Leben selbst dann vergnüglich sein kann, wenn es Kampf verlangt.

✳ Mehr und mehr schloß sich in Paola wieder das Netz des Vertrauens ins Leben. In dem Maße, in dem ihr Vertrauen wuchs, zog sich ihre übermäßige Angst zurück. Mit jeder Verminderung des Angstgefühls wagte sie mehr. Je mehr sie wagte, desto mehr nahm ihre Erwartungsangst ab. Je mehr ihre Erwartungsangst abnahm, desto mehr fühlte sie ihre Freiheit.

Und ihre Frage nach dem Sinn? Sie wurde beantwortet durch jeden freien Gedanken, jedes freie Gefühl und jede freie Tat.

KAPITEL 6

Von der Freiheit unter den Zwängen

Einführung

Vor einiger Zeit wurde in einer großen deutschen Illustrierten, meines Wissens zum ersten Mal, eine große Öffentlichkeit darauf aufmerksam gemacht, daß in unserem Land weit mehr Menschen unter zwanghaften Störungen leiden als bislang bekannt war (von zwei Millionen war die Rede). Dabei hat die Erforschung der Zwangsneurose seit Beginn der modernen Psychotherapie in Fachkreisen eine große Rolle gespielt. Die Tatsache, daß diese Neurose relativ unbekannt geblieben ist, zeigt bereits einen Aspekt des Leidens. Menschen, die davon betroffen sind, ist es peinlich, von dem zu erzählen, was sie quält. Sie fürchten, manchmal zu Recht, als »nicht normal« angesehen oder verlacht zu werden. Die Befürchtung, nicht verstanden zu werden, ist auch der Grund dafür, warum manche erst nach Jahren, wenn überhaupt, therapeutische Hilfe suchen.

Ich schreibe über Menschen mit einer Zwangsneurose, weil ich Verständnis für sie wecken und zeigen möchte, daß auch diese bizarre seelische Störung sich keineswegs einer hilfreichen Bearbeitung entzieht. Um Verständnis bitte ich, daß ich im Rahmen dieser Abhandlung nur das Wichtigste dieses komplexen Themas zur Sprache bringe. Sehen Sie mir auch nach, daß ich nicht vom »Zwangsneurotiker« spreche, sondern umständlich wirkende Begriffe gebrauche. Denn auch der unter Zwängen leidende Mensch ist keineswegs mit seiner Störung identifizierbar. Ich vergesse nicht die Situation, in der ein Klient von seinem Stuhl aufsprang und rief: »Sie haben mich nicht Zwangsneuroti-ker genannt! Sie haben gesagt: Sie sind ein Mensch, der eine Zwangsneurose *hat*. Ist *das* eine Erleichterung!«

Zwänge kommen in verschiedener Weise zum Ausdruck. Der eine Klient hat lediglich eine *zwanghafte Grundhaltung*.

Er ist zwar pedantisch, sehr gewissenhaft, hat einen Hang zur Perfektion, leidet aber selbst kaum darunter und läßt auch andere kaum darunter leiden. Man amüsiert sich nur manchmal über ihn.

Ein anderer leidet unter *Zwangsantrieben*, unter plötz-lich auftretenden Impulsen aggressiven Charakters – die Antriebe sind bereits neurotisch. Ein nicht unbekanntes Beispiel: Eine Mutter hat immer wieder die schreckliche Vorstellung, ihren Säugling fallen lassen zu müssen.

Ein dritter leidet unter *Zwangsgedanken*. Obwohl er ei-nen bestimmten Gedanken als unsinnig erkennt, *muß* er ihn längere Zeit denken, unter Umständen stundenlang. Ein einfaches Beispiel: Jemand hat die Vorstellung – und kommt von ihr nicht los –, bis 100 (und immer wieder bis 100) zählen zu müssen, um eigenes Unglück oder das eines anderen zu verhindern.

Es gibt auch *Zwangshandlungen*. Die bekanntesten sind das Ordnen oder das Sich-Waschen. So muß sich jemand 50mal, 100mal und immer wieder seine Hände waschen (bis sie bluten), obwohl sie frei von jedwedem Staubkorn sind.

Um näher zu veranschaulichen, worüber wir sprechen, möch-te ich Ihnen einen Mann mit einer schweren Zwangsneurose vorstellen. Ich wähle dieses Beispiel, weil es eine ganze Reihe unterschiedlicher Symptome zeigt. Als wir uns trafen, war der Mann 35 Jahre alt. Da seine Zwänge – wie so oft – in der Pubertät begannen, litt er bereits seit etwa 20 Jahren unter ihnen. Wenn er aufwachte, vollzog er wegen seiner starken Schuldgefühle lang anhaltende Bußübungen. Dabei ver-krampfte er sein Gesicht und schlug rhythmisch mit beiden Armen gegen seinen Körper.

Im Bad hielt er sich morgens so lange auf, daß er stets Ärger mit seiner Familie bekam. Seine gewalttätigen Säuberungsaktionen mitzuteilen, erspare ich Ihnen. Wollte er das Haus verlassen, warteten die nächsten Fallen auf ihn. Hatte er Tischdienst, suchte er auf dem abgeräumten Tisch mehr als gründlich nach den letzten, kaum sichtbaren Brotkrumen. Der Herd, das Licht, die Türen zu kontrollieren, waren die nächsten Aufgaben. Selbstverständlich kam er fast immer zu spät, wohin er auch ging.

Auf den Wegen zur Universität oder zur Arbeitsstelle stieg er vom Rad ab und zerkratzte mit einem scharfen Schlüssel selbst dann Autos, wenn sie auch nur einen Zentimeter auf Radwegen standen. Das *mußte* er tun! – wie alles andere auch, wovon eben die Rede war und gleich noch sein wird. Großen Bedrängnissen war er ausgesetzt, wenn er, vor allem im Sommer, im Hörsaal leichtbekleidete Studentinnen sah. Die Schuldgefühle, die er entwickelte, wenn er wieder »unkeusch« Weibliches gesichtet hatte, lösten eine Lawine von Gedankenzwängen aus. Immer und immer wieder befaßte er sich damit, »was er, wie er, warum er – was er nicht, wie er nicht, warum er nicht usw. gesehen hatte, was er gesehen hatte.« Daß er sich kaum auf die Vorlesung konzentrieren konnte, ist vorstellbar. (Daß er trotzdem sein Studium schaffte, hat mit der stark ausgeprägten »Willenskraft« zu tun, die ich auch bei anderen Menschen mit einer Zwangsneurose bemerkt habe.) Ich beschließe die sparsame Darstellung seiner Zwänge, mit denen er täglich mindestens 12 Stunden beschäftigt war.

Die Symptome

Die Bewegungsabläufe eines Menschen mit zwangsneurotischen Störungen sind häufig schwerfällig, die Motorik ist zähflüssig. Das Gesicht wirkt verkrampft, der Körper, besonders aber das Schulternackenfeld ist verspannt. Es geht von ihm ein Gefühl von Schwere und Gehemmtheit aus. Seine Gedanken sind haftend, nicht fließend. Nichts soll sich verändern, alles soll bleiben, wie es ist (Konservatismus). Spontanes und Impulsives sind ihm suspekt und ängstigten ihn. Angst machen ihm vor allem seine Triebe. Entsprechend stark entwickelt ist seine Reaktionskontrolle. Alles, was unterhalb des Kopfes abläuft, wird blitzschnell einer Prüfung unterzogen. Er sichert sich ab, zeigt wenig Risikobereitschaft, ist unentschlossen und entscheidungsgehemmt. Chronisch sorgt er sich, Wichtiges zu verlieren. Typisch für ihn ist auch seine starre Dogmen- und Prinzipientreue, sein kaltes Netz von Idealen, die zu verwirklichen er sich und anderen abverlangt. Seine Vorstellungen, wie Leben zu sein hat, sind fest. Der Lebendigkeit gibt er wenig Raum, nicht im Bereich der Erkenntnis und erst recht nicht im *Leben* selbst. Das macht ihn intolerant, eigensinnig, manchmal sogar tyrannisch. Übergewissenhaft und pedantisch wacht er darüber, daß das, was geschieht, so geschieht, wie er es für richtig hält. Da aber auch er ein Mensch aus Fleisch und Blut ist und deshalb immer wieder an seinen dornenhaften Maximen scheitert, lebt er dauernd in der Spannung zwischen dem, was er meint, tun zu sollen, und dem, was er in der Tat zuwege bringt. Und das verschafft ihm dauernd Schuldgefühle und Skrupel. Je stärker er jedoch das Lebendige ablehnt, desto stärker drängt es sich ihm auf. So pendelt er, wie Freud treffend gesagt hat, ständig »zwischen Askese und Sinnlichkeit«. Er hat Furcht vor dem Chaos. Er hat Furcht vor der Freiheit. Er hat Furcht vor dem Leben. Er hat Furcht vor der Unvollkommenheit des Lebens. Deshalb tut er alles, um – wenn auch nur in einem *Ausschnitt* der Wirklichkeit – Vollkommenes zu erreichen. Doch seine perfektionistischen Bemühungen bringen ihm nur für Augenblicke eine gewisse Erleichterung. Frieden verschaffen sie ihm nicht.

Wir hören auch von körperlichen Symptomen, die mit den seelischen Störungen einhergehen können. Von Kreislaufproblemen, von funktionellen Störungen, Bluthochdruck, Angina pectoris ist die Rede, von Spannungskopfschmerzen und Migräne. Andere klagen über Magen- und Darmprobleme, zum Beispiel über Obstipation (Verstopfung), wieder andere über Atmungsbeschwerden und rheumatische Leiden.

Was ist eine Zwangsneurose?

Der Form nach ist sie ein ungewolltes Ritual. Der Leidende *muß* bestimmte Gedanken und/oder Handlungen in bestimmter Weise denken bzw. tun und muß sie häufig wiederholen. Er kann sie nicht vermeiden. Versucht er es, gerät er unter einen ungeheuren, angstmachenden Druck, so daß er kaum noch denk- oder handlungsfähig ist. Was macht ihm angst? Sein Gewissen – oder das, was er dafür hält. Aus seinem chronischen Schuldgefühl heraus, nicht so zu sein, wie er sein sollte, *muß* er sühnen, weil Schuld nach Sühne schreit. Und *wie* will er sühnen? Durch Selbstbestrafung. Auf *welche* Weise bestraft er sich? Durch die neurotischen Zwänge.

Nein, dieser Zusammenhang – er wird je nach Menschenbild und dessen therapeutischer Ausformung natürlich unterschiedlich gesehen – ist dem zwanghaften Menschen überhaupt nicht bewußt. Wenn er sich zum Beispiel seinen Zähl- oder Waschzwängen hingibt oder sich von seinen Zwangsantrieben geißeln läßt, findet er das letztlich, obwohl er schrecklich darunter leidet, »in Ordnung«. Denn dadurch stellt er die scheinbar verlorengegangene innere Ordnung wieder her.

Um welche Schuld geht es überhaupt? Manchmal um reale, aber nicht zugelassene – meistens jedoch um nur eingebildete, die durch sein chronisches Gefühl, seinen Idealen nicht zu genügen, zustande kommt.

Er kann nicht glauben und akzeptieren, daß ein Mensch das darf: Ja sagen zu sich, obwohl er sich täglich so verhält, wie es *eigentlich* nicht sein sollte. Er darf damit nicht einverstanden sein, daß die Welt so ist, wie sie nun einmal ist.

An dieser Stelle zeigt sich das Wesen der Zwangsneurose in ihrer tiefen Problematik. In der Tat leben wir oft so, wie wir es selbst nicht wollen. In der Tat zieht sich durch alles

Leben ein tiefer Riß. Diesen Riß aber, draußen in der Welt und drinnen im eigenen Herzen, will der zwanghafte Mensch nicht gelten lassen. Dagegen läuft er Sturm. Dagegen protestiert er, nach *absolutem* Maß zu Recht. Doch *dieses* Maß kann niemand, muß niemand erfüllen. Das ist das Tragische: Er, der Perfektionist, schafft es nicht, den Riß als eine *Gegebenheit* des Lebens anzunehmen. Darum rebelliert er gegen die Welt und wird zum Weltverneiner. Er findet sich nicht damit ab, daß die Erde nicht der Himmel ist. Deshalb auch verachtet er die, die sich mit den Gegebenheiten arrangieren – und sehnt sich doch insgeheim wie alle anderen nach den »Wonnen der Gewöhnlichkeit« (Thomas Mann). *So* aber paßt er nicht in *dieses* Leben.

Was er im Grunde will, ist Liebe. Was er erreicht, ist Ablehnung. Weil er deshalb nicht zurechtkommt, vertiefen sich seine Schuldgefühle, aus denen dann im Lauf der Zeit das Gefühl von »Existenzschuld« (Martin Heidegger) erwächst, jenes Gefühl, am *Leben selbst* schuldig zu werden. Dann beginnt der Kreislauf von vorn. Er muß sühnen . . .

So bleibt ihm nur sein Drang nach Vollkommenheit. Und da er sie nicht im konkreten Leben erreicht, flüchtet er – ohne zu verstehen, warum – in Ersatzhandlungen, auf Nebenschauplätze des Lebens, in die Zwänge. Er bleibt bei sich, kreist um sich und seine ungekonnten Versuche, sich durch Zwänge zu rechtfertigen, und entzieht sich dem realen Leben.

Wie entstehen Zwänge?

Aus dem weiten Kreis der möglichen Antworten scheinen folgende zuzutreffen:

* Eine große Rolle spielt die Vererbung.
* Daß eine Stoffwechselstörung an der Entstehung beteiligt sein könnte, haben neuere amerikanische Untersuchun-

gen des »National Institute of mental Health« meiner Auffassung nach wahrscheinlich gemacht.

∗ Auch bedrohliche vorgeburtliche Einflüsse sind zu berücksichtigen.

∗ Als besonderer Faktor bei der Entwicklung eines krank-
haft sensiblen Gewissens ist die Erziehung zu nennen
(zweites bis viertes Lebensjahr). Das Kind wird durch Ta-
bus, Prinzipien und Intoleranz viel zu stark in seinen lebendigen Impulsen eingeengt und beschnitten. Der besondere
Ort dafür ist die Reinlichkeitserziehung, jener Bereich, in
dem die aufkommenden Eigen-Willigkeiten des Kindes mit
den Vorstellungen der Eltern kollidieren. Wird der Wille des
Kindes »gebrochen« und es dadurch veranlaßt, sich mit den
moralistisch geprägten Werten und Normen seiner Autori-
täten zu identifizieren, ist die Grundlage für die Entstehung
der Neurose gelegt. In späteren Krisenzeiten, insbesondere
in der Pubertät, lassen sich die unterdrückten aggressiven
und sexuellen Impulse nicht länger kontrollieren. Dann
bahnen sie sich, wenn auch in krankhafter Form, ihren
Weg.

Ansätze zur Überwindung der Zwangsneurose

Im folgenden werde ich in großen Zügen auf Hilfen hinweisen, die sich in der Praxis bewährt haben. Selbstverständlich ist diese Beschreibung kein Ersatz für die notwendige
therapeutische Arbeit. Sie könnte jedoch für Betroffene eine
Ermutigung sein, mit einer Therapie zu beginnen.

1. Der Körper ist die vitale Basis für Seele und Geist. Geist, Seele
und Körper bilden eine Einheit und Ganzheit und beeinflussen
sich daher wechselseitig. Wird der Körper gestärkt, wird auch
die erkrankte Seele gestärkt. Welcher Art die körperliche Hilfe
sein kann, hängt von der Person und ihrer Situation ab (Sport,
andere Arten körperlicher Betätigung, Entspannungsübun-
gen, etwa das autogene Training, verbunden mit der Vorsatz-

bildung: »Es bleibt bei jedem Erkennen – es bleibt auch bei jeglichem Handeln – ein unerledigter Rest«; oder, einfach und doch wirksam: »Niemand und nichts in dieser Welt ist vollkommen«.

Auch Elemente aus Musik, Malerei und Tanz können lösend wirken und die spezifisch therapeutische Arbeit begünstigen.

2. Eine Erleichterung, insbesondere für die erste Zeit der therapeutischen Arbeit, kann darin bestehen, daß der Klient alles, was ihn im Zusammenhang mit seinen Zwängen quält und peinigt, niederschreibt, frank und frei, ohne Punkt und Komma, dem Fluß seiner andrängenden Gedanken und Gefühle folgt und danach das Skript vernichtet.

3. In aller Regel durch-schaut der zwangskranke Mensch seine inneren Abläufe nicht, fühlt sich als Objekt obskurer innerer Mächte und verliert daher noch mehr sein ohnehin nur minimal ausgebildetes Selbstwertgefühl. So kann es ihm, dem Ordnungsdenker, eine Hilfe sein, wenn er frühzeitig in die Struktur seiner Störung eingeführt wird. Die theoretische Einführung wird ihm helfen, seine »Verrücktheiten« besser verstehen und sie als Herausforderung begreifen zu können. Sie wird ihm behilflich sein, leichter zwischen gesunden und neurotischen Gedanken und Gefühlen unterscheiden zu können. Er wird, weil ihm die Zwangsabläufe transparent werden, motivierter und eigenständiger mitarbeiten.

Um ihm einen tieferen Einblick in seine Störung zu vermitteln, gebe ich ihm ein »Skript für einen Menschen mit Zwängen«. Dieses Skript habe ich einmal für eine Klientin erarbeitet, die seit Jahrzehnten unter ihrer Neurose litt und aufgrund starker Konzentrationsstörungen zunächst Mühe bei der Mitarbeit hatte. Den Text, den sie »schwarz auf weiß« vor sich sah, vollzog sie immer wieder nach und kam so zu einem vertieften Verständnis ihrer Störungen. Er half ihr bereits, sich ein Stück weit von ihren Zwängen distanzieren zu können.

»Ich habe Zwänge. Die Zwänge stören mich. Sie treiben in meiner Seele ihr Unwesen, aber sie gehören nicht zu meinem Wesen.

Obwohl sie mich stören, übernehmen sie für mich eine seltsame, scheinbar sinnvolle Aufgabe: Sie bannen meine Ängste.

Was sind das für Ängste?
Ich habe Angst, für Verfehlungen, die ich oft gar nicht erinnere, bestraft zu werden. Ich habe auch Angst, Schönes und Wichtiges, was ich erleben könnte, nicht erleben zu dürfen, weil ich meinem Gefühl nach Schönes und Wichtiges nicht verdient habe.

Ein wenig Erleichterung finde ich, für kurze Zeit nur, wenn ich mich auf die Zwänge eingelassen habe. Dann ist mir so, als hätte auch ich für meine Verfehlungen gebüßt und für Zukünftiges gezahlt.

Was wäre, wenn ich mich *nicht* auf die Zwänge einließe? Dann hätte ich Angst, panische Angst, bestraft zu werden oder gar in eine Katastrophe zu geraten. Wer würde mich bestrafen? Da scheint ein »Staatsanwalt« in mir zu sein, und der ist nicht auf meiner Seite. Da ist kein Verteidiger, auch kein Richter. Da ist nur der »Staatsanwalt«, der nur eines im Sinn zu haben scheint: mich zu demütigen, kleinzukriegen, mich zu verurteilen. Er ist durch und durch gegen mich und gegen mein ganzes Leben.

Und warum sollen gerade die Zwänge die Angst vor diesem Staatsanwalt auflösen oder verhindern? Weil dann der »Staatsanwalt« befriedigt ist. Wenn ich mich auf die Zwänge einlasse, wenn ich also in einem Ausschnitt meines Lebens um Hundertprozentigkeit ringe, leide ich. Und wenn ich leide, büße ich. Und wenn ich büße, leiste ich dem »Staatsanwalt« Genugtuung.

Wer verbirgt sich hinter dem »Staatsanwalt«?
Da sind Stimmen in mir, die ich im Lauf meiner Kindheit, Jugend und späteren Jahre hörte und die sich in mir

festgesetzt haben. Diese Stimmen sind zu meinen eigenen geworden. Nein! Das sind nicht Stimmen meines Gewissens, ganz gewiß nicht. Das sind Stimmen von Menschen, die von Freiheit und Liebe und vom Wesen der Welt wenig wußten. Sie haben mich auf ihre enge Weise zu leben eingeschworen. So konnte ich kaum lernen – weil ich mich doch als ungenügend und »schlecht« empfand –, meine eigenen Urteile über mich und die anderen und das Leben zu bilden. So konnte ich auch nicht lernen, selbst zu entscheiden, was ich wollte und was nicht.

Wenn ich mich auf diese Stimmen einlasse und mich von ihnen zu Zwangsgedanken und -handlungen treiben und versklaven lasse, dann geschieht das nicht in meinem *eigenen* Sinne, im Sinne dessen also, was ich *persönlich* bin und denke und fühle.

Ich weiß: Was ich *eigentlich* will – lebendig sein, frei sein, offen sein, Neues wagen, Verantwortung übernehmen, lieben –, dazu komme ich gar nicht, weil ich dauernd mit zwanghafter Nach- und Vorsorge meines Lebens beschäftigt bin – weil ich dauernd Rituale arrangiere, die dem verdichteten Chor in mir, der »Staatsanwaltschaft«, unter Beweis stellen sollen, daß ich perfekt und daher nicht mehr angreifbar bin. So aber verfehle ich in der Tat (!) mein Leben und werde an *ihm* in *Wirklichkeit* schuldig.

Zwanghaftes Leben hat nichts, aber auch gar nichts mit Freiheit, Liebe, Verantwortung und Sinn zu tun. Zwanghaftes Leben ist Verweigerung des Lebens, so wie es nun einmal ist: nicht der Himmel, auch nicht die Hölle – eben die Erde in ihrem spannenden Gemisch von beidem. Eben etwas Durchschnittliches.

Zwänge sind Irr-Sinn. Lasse ich mich auf sie ein, dann lasse ich mich auf Irr-Sinn ein.

Zwanghaft leben, das heißt letztlich: in Gedanken und Handlungen stehenzubleiben, verhaftet zu bleiben, den Fluß des Lebens anzuhalten und damit das vorgefundene Dasein nicht zu dulden.

Bin ich schuld, daß ich so geworden bin?

Nein, aber schuldig könnte ich werden, wenn ich nicht vieles unternähme, um diese verzerrte Sicht der Wirklichkeit zu verändern.

Ich *darf* leben. Ich darf *selbst* entscheiden, was sinnvoll ist und was nicht. Ich darf leben als Mensch, obwohl ich immer wieder scheitere. Ich darf auch die Welt annehmen, obwohl und weil sie so ist, wie sie ist. Ich brauche mich nicht durch zwanghaftes Denken und Handeln für zukünftiges Leben abzusichern und auch nicht, was altes Leben betrifft, zu büßen.

Warum nicht?

Weil Leben so ist, wie es ist. Weil Menschsein heißt, nicht Gott zu sein. Weil Schuldigwerden die Kehrseite der menschlichen Möglichkeit ist, frei entscheiden zu können.

In Wirklichkeit schuldig werden vor allem jene, die es nicht wagen, sich auf diese Bedingungen des Lebens einzulassen. Denn wenn sie vermeiden wollen, schuldig zu werden, vermeiden sie das Beste, was wir Menschen haben: die Freiheit und damit die Liebe.«

4. Den Inhalt dieses Textes anhand der eigenen Lebensgeschichte zu *erfahren*, ist der erste zentrale Schritt zur Überwindung der Störung. Ihn ausführlich genug zu schildern, übersteigt jedoch den Rahmen dieser Abhandlung. Nur so viel sei gesagt: Schon das *Erzählen* (nicht Berichten!) des alten eingeengten Lebens macht dem Klienten manche der gerade beschriebenen Zusammenhänge bewußter. Und die persönlichen Reaktionen des Therapeuten vertiefen, was dem Klienten bewußt zu werden beginnt.

In diesem, die Vergangenheit betreffenden Teil der Gespräche sind vor allem diese Leitfragen wesentlich:

Wovor *mußten* Sie ausweichen? Wovor *sind* Sie ausgewichen? Welche Rolle spielten die großen Triebkräfte, die Aggression und die Sexualität?

Das Problem des Menschen, der Zwänge hat, ist der »innere Staatsanwalt«, der unbarmherzige Zensor, der geradezu vampirhafte Züge tragen kann. Er ist Ausdruck eines gegen das Leben gerichteten Prinzips, ist *die* Zerstörungs- und Selbstzerstörungskraft im Menschen. Wer diese Begriffe zu dramatisch findet, hat diesen kalten Zwingherrn weder gesehen noch erlebt.

Man kann ihn in der Tat sehen und erleben, jedenfalls der mit Zwängen behaftete Mensch kann es. Begegnen kann er ihm in der ziel- und wertgerichteten Imagination[1]. *Sie* ist meines Erachtens eine wesentliche Hilfe bei der Überwindung dieser Störungen. Ein Beispiel möchte ich Ihnen vorstellen.

Mit einem etwa 40jährigen Mann, der seit vielen Jahren unter Zwängen litt, verabredete ich eine »Wanderung« zum »inneren Staatsanwalt«. Die Imagination dauerte etwa eine Dreiviertelstunde.

Sein Weg führt ihn über eine lange Steintreppe in ein tief liegendes Gewölbe. Auf dem Weg nach unten gerät der »Wanderer« zunehmend unter Druck. Er ahnt, daß Unangenehmes auf ihn wartet. Nach weiteren Wegen, die ihn durch dunkle (ihm unbewußte) Gebiete führen, gelangt er in einen großen Raum, der ihn an einen mittelalterlichen Rittersaal erinnert. Im Zwielicht erkennt er zunächst wenig. Ich rege ihn an, den Saal näher kennenzulernen. Auffällig erscheinen ihm insbesondere die Nischen, aus der ihn feindliche Fratzen angrinsen (die »Vorboten« des »Staatsanwaltes«). Dann sieht er ihn: den gewaltigen Steinthron an der hinteren Seite des Raumes, der in den Himmel zu ragen scheint. Kaum hat der Imaginierende sich von seinem Schrecken erholt, sieht er auch schon die riesenhafte Gestalt, die auf dem Thron sitzt. Der »Wanderer« mag zunächst den Blick nicht auf das Gesicht des Riesen richten. Auf meine Ermutigung hin wagt er es. Das Gesicht wirkt eiskalt. Höhnisch sieht es ihn an. Er hat das Gefühl, auf ewig gebannt stehenbleiben und in dieses Gesicht starren zu müssen. Der kleine Mann in der Nähe des mächtigen Thrones ist völlig hilflos. Was soll er nur tun? Ich ermutige ihn, langsam auf den Riesen zuzugehen. (Ich wußte, daß diese Schritte den Klienten nicht in die Katastrophe, sondern in deren Gegenteil führen würden.) Nach einiger Zeit wagt er es: Er geht auf den »Staatsanwalt« zu – und sieht mit großem Staunen, wie dieser mit jedem Schritt schrumpft. Nun läßt der »Wanderer« sich nicht mehr aufhalten. Er geht – wie soll ich es sagen? – mitten in den feindlichen Thron hinein. Der Thron löst sich auf, der Riese auch. Der Klient staunt, findet kaum Worte für sein Staunen. Er wird heiter, fühlt sich freier und freier, möchte jubeln.

Ich bitte ihn, sich umzusehen. Das Zwielicht ist einem hellen, warmen Licht gewichen, das den ganzen Saal durchströmt. Auch dieser ist völlig verändert. Er hat sich in einen Festsaal verwandelt. Der »Wanderer« erlebt ein inneres Fest.

Nein, selbstverständlich können Zwänge nicht durch eine einzige Imagination auf Dauer aufgelöst werden. Die Erfahrung zeigt jedoch, daß bereits mehrere »Wanderungen« zu diesem Ziel oder vergleichbaren »Orten« erstaunliche Veränderungen bewirken können. Wichtig ist auch, »Orte« noch nicht oder kaum gelebten Lebens aufzusuchen, zum Beispiel den »Ort der Freiheit«, den »Ort der Selbstentscheidung« oder den »Ort der Liebe«.

Bleibt die Frage: Bedeutet denn etwa der imaginierte »Staatsanwalt«, daß die konkreten Personen der Vergangenheit ebenso grausam waren wie er? In diesem Falle nicht, auch sonst nur selten. Die Begegnung mit dem imaginierten Staatsanwalt symbolisiert vielmehr die verdichteten Angstgefühle, die sich in einem unter starkem Druck herangewachsenen Menschen entwickelt haben. Weil seine Angst so groß war, verdichteten sich in ihm die inneren Bilder von jenen Menschen, die ihn in früheren Zeiten zu aggressiv und rigide behandelten.

Bleibt noch eine Frage: Welche *Auswirkung* haben denn Imaginationen auf das reale Leben? Die inneren Bilder sind nicht Fotos. Sie sind *Kräfte*! Sie sind jene basalen Kräfte, die unser *ganzes* Leben bestimmen – in zerstörerischer und beglückender Weise. Auch das läßt sich an Imaginationen zeigen: Wenn wir am Ende unserer Arbeit noch einmal zum »Staatsanwalt« gehen, wird der Imaginierende ihn, sofern er von seinen Zwängen befreit ist, nicht wiederfinden.

5. Ein Mensch, der Zwänge hat, hat viel gelitten. Weil wir ihn jedoch nicht mit seiner Neurose identifizieren, müssen wir auch danach fragen, was er selbst zum bisherigen Verlauf seines schweren Lebens beigetragen hat. Er *hat* dazu beigetragen. Er hat nur außerordentliche Mühe, sich dieser Tatsache zu stellen und sich einzugestehen, daß er nicht nur Opfer ist. Zweifellos hat er nicht die Grundlegung und Entwicklung seiner Neurose zu verantworten. Vieles aber, was ihm später im Laufe seines Lebens mißlang, war nicht schicksalhaft notwendig.

Seine hehren Vorstellungen davon, wie andere und auch er selbst zu sein hätten, hindern ihn daran, sein wahres Bild zu zeigen. Statt dessen offeriert er ein Bild von sich, das er am liebsten sähe.

Wenn es gelingt, ihm diesen Zusammenhang transparent zu machen und ihn zu motivieren, sich auch die Wölfe, Drachen und sonstigen Ungeheuer im Keller der eigenen Seele anzusehen und sich ihnen zu stellen – wird er die befreiende Macht der Wahrheits-Findung erleben. Dann wird er die Verdrängungen nicht mehr brauchen. Dann wird er auch nicht mehr um das eigene oder das Unvermögen anderer kreisen müssen. Dann wird er aufhören zu moralisieren und die Liste seiner erstarrten Ideale kräftig kürzen. Dann wird sein Blick dafür frei werden, daß er nicht besser ist und auch nicht sein muß als alle anderen auch. Diese Einsicht wird ihn nicht in die Resignation führen, sondern in ein neues Bewußtsein von Verantwortlichkeit. Dann wird er endlich beginnen können, zu tun, wonach er sich so lange sehnte: zu lieben.

Voraussetzung für den Therapeuten, der dieses Gespräch

führt, ist, daß auch er selbst die zitierten Ungeheuer seiner Seele kennt und sie, soweit wie möglich, anzunehmen in der Lage ist. Ist er selbst noch Moralist, wird er nicht das ausstrahlen, was ein Klient unbedingt braucht, wenn er seine bislang versiegelten Dunkelkammern öffnet und darin aufräumt. Ein Klient, der diese Arbeit beginnt, braucht einen Therapeuten, den angesichts dessen, was er vielleicht zu sehen bekommt, nicht blankes moralistisches Entsetzen packt. Dagegen lösen sich die Verzerrungen und Verspannungen einer eingeengten, wundgescheuerten Seele, wenn der Klient sich einem Menschen zeigen darf, wie er wirklich ist – ohne erneut angeklagt und reglementiert zu werden. Dann wird Krankes heil, dann kommt neues Leben auf, dann werden uralte Wunden endlich überwunden. Dann erfährt er vielleicht zum ersten Mal das Beste, was einer dem anderen geben kann: das Gefühl, *sein* zu dürfen, wie er ist. Und aus dieser Erfahrung heraus wird er von sich aus manches tun, um zu ändern, was änderungsbedürftig ist.

6. Selbstverständlich wird der Klient mit einer Zwangsneurose *alle* Störungen beseitigen wollen. Geschickt wäre es deshalb, mit ihm noch einmal darüber zu sprechen, daß nichts vollkommen ist, auch keine Therapie. Denn wenn er frei sein wollte von *allen* Symptomen, geriete er wieder in jenen Selbstbeobachtungszirkel, der alles Neurotische kennzeichnet und der ihn daran hinderte, sich endlich dem *Leben* zuzuwenden.

KAPITEL 7

Grenzen überwinden

Eine sinnorientierte Betrachtung zur Depression

Du kennst das.
Viele kennen das.
Du bist traurig, bedrückt und niedergeschlagen.
Du fühlst dich schwach, verzagt und antriebslos.
Du bist rasch verletzt durch das unbedachte Wort eines
anderen.
Du fühlst dich nicht mehr wert.
Du kannst dich nicht mehr freuen.
Du kannst dich nicht mehr konzentrieren.
Dir fehlt jedweder Mut.
Du erwartest nichts Gutes vom Tag.
Du erwartest nichts Gutes von der Nacht.
Du weinst viel.
Du hast keine Hoffnung mehr.
Du bist verzweifelt.
Du sagst, du seist depressiv.

Nicht jedes Leiden dieser Art ist eine Krankheit.
Nicht jedes Bedrücktsein ist unser Feind.
Es gibt auch depressive Zustände,
die – zu bestimmten Zeiten – zu uns gehören
wie die Freude, die Freiheit, die Lust am Leben.

Es ist wichtig herauszufinden,
woher die Dunkelheit kommt.
Vielleicht kommt sie aus dem Körper,
vielleicht aus der Seele,

vielleicht auch hat sie ihren Grund in der Einstellung
unseres Geistes zum Leben.

* * *

Depressionen können vom Körper verursacht,
vielleicht auch nur ausgelöst worden sein.
Andere Depressionen haben seelische Ursachen.
Vielleicht sind sie die Spätfolge der Erziehung.
Vielleicht sind sie Reaktionen
auf schwere aktuelle Ereignisse,
die Menschen nicht verkraften konnten,
zum Beispiel den Tod eines geliebten Menschen
oder die Folgen einer Scheidung.

Nicht wenige Depressionen entwickeln sich
als Folge einer übermäßigen Dauerbelastung,
zum Beispiel durch Vereinsamung, durch eine schwere Ehe,
durch den ungeliebten Beruf
oder dadurch, daß eine wichtige Lebensfrage
nicht lösbar scheint.

Wieder andere Depressionen
– sie scheinen sich zu häufen –
breiten sich in den Menschen aus,
die nicht mehr wissen, wozu sie leben.
Sie fühlen sich leer.
Sie fühlen keinen Sinn mehr.
Sie wirken so, als wäre das Leben
aus ihnen herausgeflossen.

Jede menschliche Störung ist eine persönliche Aufgabe.
Das gilt auch für die Depression.

* * *

Wer depressiv geworden ist,
kann ein eigenes Leben
nicht mehr eigenständig führen.
Er fühlt sich als Spielball innerer und äußerer Kräfte.
Er fühlt sich nicht mehr frei
zur Gestaltung seines eigenen Lebens.

Wer sich längere Zeit depressiv fühlt und ahnt,
daß sein Zustand seinem ursprünglichen Lebensgefühl
nicht mehr entspricht,
sollte deshalb zunächt einen Arzt aufsuchen.
Denn weil der Mensch eine Einheit ist
von Körper, Seele und Geist,
gibt es keine Depression, die,
auch wenn sie nicht körperlich verursacht ist,
sich nicht körperlich auswirkte.

Doch weil der Mensch diese Einheit ist,
gibt es auch keine Depression,
die einen Menschen nicht dazu herausfordere,
seelisch und geistig Stellung zu ihr zu beziehen,
vielleicht mit Hilfe eines erfahrenen Menschen.

* * *

Es gibt erprobte Hilfen. Einige will ich beschreiben.
Sie ersetzen nicht fachliche Hilfe.
Fachliche Hilfe ersetzt allerdings auch nicht
die eigene Initiative.

Manchmal bist du eingetaucht in eine Traurigkeit,
von der du nicht weißt, woher sie kommt.
Manchmal spürst du einen inneren Schmerz,
von dem du nicht weißt, wo er geboren wird.
Du fühlst dich nicht allzu schwach.
Du fühlst dich noch nicht abgestorben.
Du bist auch nicht verzweifelt.

Du bist nur traurig. Vieles tut dir weh.
Es weint aus dir heraus.

Dann kann es sein, daß deine Traurigkeit als Rinnsal
vom warmen Wasser deines inneren Lebens kommt
und ein Stück des Eises wegschmelzen möchte,
das noch immer
vor deiner Tür zum Raum der Freude liegt.
Ob etwas sich in dir verhärtet hat?
Ob deine Seele über etwas trauert,
was du bislang nicht wahrhaben wolltest?
Danach würde ich fragen.

Der Schmerz, der aus der Seele kommt,
ist selten dein Feind.
Eher ist er, so merkwürdig es klingen mag,
dein Freund.
Er zieht seine Bahn von jenem Ort der Seele,
an der sie verdunkelt, verletzt, verknotet ist,
bis hin ins helle Licht des Bewußtseins.

Und dorthin will er auch –
um dich aufzuwecken, aufzurütteln
und dich aufmerksam zu machen auf das,
was du in deiner eigenen Seele
nicht zur Kenntnis nimmst,
nicht wahrhaben willst,
nicht wahrmachen willst.

Der Schmerz der Seele gleicht dem Fieber des Körpers.
Beide sind ungeliebt, doch beide wollen nur das eine:
mahnen, warnen, herausfordern zum Leben,
solange noch Zeit ist.

Ob du etwas nicht lebst,
von dem du ahnst, daß du es leben könntest:
deine Begabung vielleicht, deine Freiheit vielleicht,

vielleicht auch nur diesen einen,
immer wieder andrängenden Wunsch?
Auch danach wäre zu fragen.

* * *

Kennst du noch deine *Wünsche*?
Du kennst sie nicht mehr?
Du hast schon lange nicht mehr nach ihnen gefragt?
Was soll dich dann von innen her bewegen?

Wünsche, die wir nicht nur erahnen,
sondern uns kommen lassen, zulassen,
in die wir uns eindenken, einfühlen und einhoffen,
sind, sofern sie nicht gänzlich welt-fern sind,
starke Kräfte, vielleicht die stärksten überhaupt.

Sag nicht, sie erhöhten in dir die Spannung
zwischen dem, was du jetzt bist,
und dem, was du in Wirklichkeit möchtest.
Wenn du dich in die Wirklichkeit deiner Wünsche
einwünschst, einläßt und einlebst,
wirst du erleben,
daß deren Ziele zu Magneten werden,
die dich nach und nach herausziehen
aus dem sumpfigen Gelände deiner Traurigkeit.

Die Ziele der Wünsche sind nicht nur Magneten,
sie sind auch Lotsen zum Sinn.

* * *

Nicht nur die Wünsche können dir behilflich sein,
auch deren Gegenteil:
Frag dich, ob das,
was du dir seit langem wünschst
und du noch immer nicht erreicht hast,

für dich Utopia bleiben muß.
Frag dich einmal nach deinen Grenzen.

Vielleicht mußt du begreifen, daß das,
was du willst oder dir abverlangst,
einfach nicht geht.
Du hast dich gedreht und gewendet,
du hast in deiner Seelentiefe geforscht,
du hast gegen dich gewütet
aus Verzweiflung über diese Grenze.
Doch alles war umsonst.

Du bist so. Diese Grenze bleibt.
Du wirst sie nicht los. Sie bleibt dir treu.

Du würdest von großem Druck befreit sein,
du wärest weniger in dir gefangen,
du würdest eine ur-sprüngliche Freiheit fühlen,
wenn du aufhörtest,
dich von der Grenze, die auch zu dir gehört,
pressen zu lassen.

* * *

Ein herrliches Lebens-Mittel,
sich von depressiven Zuständen zu befreien,
ist der Zorn.

Zorn ist gebündelte Kraft.
Zorn holt einen Menschen heraus
aus seinem Kreisen um die eigene Schwäche.
Zorn vertreibt im Nu die Dunkelheit der Seele
und füllt sie aus mit einem einzigen starken Gefühl.
Und hat der Zorn einmal seine Bahn finden dürfen,
so dauert es eine ganze Weile,
ehe sich die Traurigkeit
der Seele wieder bemächtigen kann.

Jeder depressive Mensch hat Aggressionen.
Sie sind ihm zwar oft nicht bewußt,
doch sind sie da wie seine Wünsche.
Und wie die Wünsche gesucht werden wollen,
so auch der Zorn (der manchmal sogar ein heiliger ist).

Du sagst, du hättest Angst,
ihn zum Vorschein kommen zu lassen?
Ich spreche nicht von deiner blinden Wut.
Ich spreche von deinem berechtigten Zorn.

* * *

Jedes Wort, das aus unserem Munde kommt,
wirkt auf andere und wirkt auf uns selbst zurück.
Worte wirken, Worte wirken sich aus.
Worte sind Aus-Druck von Leben.

Menschen in depressiven Zuständen neigen dazu,
ihr Bedrücktsein durch Worte zu verstärken
und manchmal sogar auszulösen. Sie sagen zum Beispiel:
Ich bin nichts wert. Ich kann das nicht.
Das schaffe ich nie. Das wird nicht gutgehen.

Viele Worte, die wir sagen, werden zu Leitgedanken,
die negativen aber entwickeln sich zu Leid-Gedanken.

Es ist wichtig, gerade diese Wortfeinde zu kennen,
denn sie führen uns, wohin wir nicht wollen.
Doch weil sie widerspenstig sind,
wenn sie sich einmal in die Seele eingegraben haben,
ist es wichtig, sie zu notieren
und sich immer wieder vor Augen zu führen,
damit sie rasch erkennbar sind,
wenn sie ihre seelen-zerstörende Arbeit aufnehmen.

Es ist auch möglich, gute Leit-Worte

in die Sprache aufzunehmen, zum Beispiel diese:
Nun reicht's! Heute ist ein neuer Tag.
Das schaffe ich. Das wird schon gutgehen.

* * *

Depressive Menschen neigen dazu,
sich in Phantasien zu flüchten:
in Bilder der Einsamkeit und Trostlosigkeit,
in Bilder des Größenwahns und der Wut,
in Bilder der Ausweglosigkeit und des Sterbens.

Diese Phantasien nehmen einem Menschen
mehr noch als bisher die Bodenhaftung.
Sie höhlen seine Gegenwart aus.
Sie verhindern, daß er Stellung zu dem bezieht,
worum es hier und jetzt geht,
wenn sich sein Leben ändern soll.
Sie verbreitern den Graben
zwischen der Realität und der Wunschwelt.
Sie vertiefen seine inneren Spannungen.
Sie schwächen ihn noch mehr.

Und wieder ist es wichtig,
diese Phantasien zu notieren,
sich wieder und wieder vor Augen zu führen
und gute Phantasien dagegen zu setzen,
zum Beispiel diese:
Heute abend werde ich ein Gast sein
wie jeder andere auch.
Die anderen werden mich freundlich empfangen.
Ich werde einen interessanten Menschen treffen . . .

* * *

Manche unscheinbare Gewohnheiten,
die uns auch an guten Tagen bekömmlich sind,

wirken sich hin und wieder auch an trüben Tagen
wohltuend auf unsere Seele aus:
ein schäumendes Bad, ein gutes Glas Wein,
der Kauf einer sündhaft teuren Bluse . . .

Nein, diese Dinge lösen keine Depression auf,
doch verhelfen sie uns hin und wieder
zu einer gewissen Distanz
zur Eintönigkeit des depressiven Gefühls.

Weißt du, was dir gut täte?
Du hast nicht einmal Lust,
dich selbst danach zu fragen?
Wenn du so redest, werde ich nachdenklich.
Nicht alle, die leiden, wollen von ihrem Leiden frei sein.
Nicht alle, die sich bedrückt fühlen,
sehnen sich nach einem heiteren Leben.
So seltsam können Menschen sein.

* * *

Viele depressive Menschen leiden an Wahrnehmungs-
störungen.
Sie sehen nur das Schwierige, nicht das Mögliche.
Sie fixieren sich auf das Mißlingende,
nicht auf das Gelingende.
Ihr Blick ist ein-seitig auf das Negative gerichtet.
Das ist zwar verständlich,
doch deshalb nicht weniger niederziehend.
Wer einseitig auf den dunklen Pol des Lebens sieht,
dem verengt sich sein Wertgesichtsfeld
in krankmachender Weise.
Wer nicht mehr genügend Werte sieht,
erkennt und fühlt auch immer weniger
die vor-handenen Gründe für Sinn.

Es ist wichtig, diesen Zusammenhang zu kennen.

Es ist wichtiger, daraus Schlüsse zu ziehen.
Welche?
Zum Beispiel diesen:
Du kannst eine Leitfrage zur Glücksfrage werden lassen.
Sie lautet:
Worauf sehe ich – auf das Bedrückende nur,
auf das Befreiende auch?
Kostbare Fragen dieser Art wird der zu schätzen lernen,
der sie sich täglich »einverleibt«.

* * *

Es gibt die »Trotzmacht des Geistes« (Frankl).
Das ist die in jedem Menschen vorhandene,
vor allem jedoch von depressiven Menschen
»vergessene« Grund-Fähigkeit,
manchmal sich von bedrängenden Gefühlen distanzieren
und sich befreienden zuwenden zu können,
selbst dann, wenn nicht ersichtlich ist,
woher die störenden Ein-Flüsse kommen.

Die »Trotzmacht des Geistes« – das ist
die gesammelte, unverbrauchte geistige Kraft,
die einen Menschen dazu befähigt,
sich nicht nur gehen,
sondern auch stehen lassen zu können.
Sie ist das Aufbegehren gegen ein Leben,
das seiner nicht würdig ist.
Sie verschafft ihm die Erfahrung,
daß er »größer« sein kann als das,
was ihn kleinzumachen droht.

Und wie gelangt man zu dieser Kraft?
Durch Erschütterung.
Durch das *Hin-Sehen*
auf diesen jetzigen, erschütternden Teil von Leben.
Durch das Zulassen der Erkenntnis,

daß das gegenwärtige Lebensgefühl
nicht schicksalhaft bleiben muß.

* * *

Depressive Menschen neigen dazu,
ihren Zustand mit Worten oder durch ihre Haltung
zu oft mitzuteilen.
Das stört die Beziehung zu anderen,
das vertieft auch das eigene mißliche Befinden.

Wer mit anderen zusammenlebt, könnte deshalb versuchen
– vielleicht mit deren Hilfe –,
nur zu *bestimmten* Zeiten
seine Klagen zu äußern.

Das Geheimnis dieses scheinbar künstlichen Hinweises
besteht darin, daß auf diese Weise der depressive Mensch
dazu herausgefordert wird,
in den Grenzen seiner Möglichkeiten,
wenn nicht sein Leben,
so doch sein Leiden zu gestalten.
Die anderen werden es ihm mit ihrer Achtung danken.
Achtung ist Wertschätzung,
und gerade sie braucht er wie nichts anderes sonst.

* * *

Um diese eine Frage kommt niemand von uns herum:
ob wir leben wollen oder nicht.
Lautet die Antwort »ja«, dann werden wir erfahren,
daß sich uns das Leben erschließt.
Dann wird aus dem Ja zum Leben die Liebe zum Leben.
Dann finden wir jene Werte,
die wir schon lange nicht mehr sahen.

Lautet die Antwort »nein«,
dann vollzieht sich die gegenteilige Entwicklung.

Dann verschließt sich uns das Leben.
Dann verweigert sich uns der Sinn.

Kann man denn einem depressiven Menschen
dieses Ja zumuten?
Schreit nicht in ihm vor allem das Nein?
Die Frage ist verständlich.
Und doch: Weil jeder Mensch »mehr« ist als das,
was ihn bedrängt, bedrückt und gefangenhält,
kann auch er das Ja unter der Depression finden
(manchmal allerdings nur mit fachlicher Hilfe).

Und warum ist das so?
Weil die Seele keine Grenze hat.
Weil der Grund der Seele lebensbejahend ist.
Das Bewußtsein hat Zugang nur zum Strand der Seele,
das Unbewußte aber kennt das ganze seelische Meer.
Und es wartet darauf, daß wir es finden.[1]

KAPITEL 8

Hoffnung in der Lebensmüdigkeit

Eine Skizze für ein erstes Gespräch

Die folgenden Abschnitte sind als Anregung für Menschen gedacht, die mit akut selbstmordgefährdeten Menschen zu tun haben, und auch für jene, denen Lebensmüdigkeit nicht fremd ist.

Ich gehe davon aus, daß auch ein suizidgefährdeter Mensch *mehr* ist als die Problematik, die ihn an den Rand des Selbstmordes gebracht hat. Diese Voraussetzung ist das Ergebnis meiner dreißigjährigen theoretischen und praktischen Auseinandersetzung mit unserem Thema. Es waren vor allem die Träume und seit einiger Zeit auch die wertorientierten Imaginationen, die mir gezeigt haben, daß nicht der Mangel an inneren Lebensmöglichkeiten, sondern die blockierten *Zugänge* zu ihnen das Hauptproblem der Menschen sind, die nicht mehr leben wollen. Fast immer aber sind diese Zugänge nur partiell blockiert. In einem Erstgespräch kommt es deshalb darauf an, den Versuch zu unternehmen, jene lebensbejahenden Gefühle anzusprechen, die noch nicht völlig von der Blockade betroffen sind. Die vorliegende Skizze ist aus der Sicht des Therapeuten/Beraters/Seelsorgers geschrieben und möchte dazu anregen, sie um eigene Erfahrungen zu ergänzen.

1. Wir sitzen voreinander und sind doch wohl in ganz verschiedenen Welten. Was Sie jetzt denken und fühlen – ich weiß es nicht. Was ich denke, ist: Ich möchte mit Ihnen ins Gespräch kommen, weil ich etwas von Ihrer Not ahne. Ob wir eine Brücke zueinander finden werden?

Das möchte ich Ihnen vorweg sagen: Von mir aus werde ich diese Brücke nicht strategisch bauen. Ich möchte, daß Sie erkennen, was ich meine, wenn ich etwas sage. Ich wäre froh, wenn wir zueinander kämen. Ich würde es respektieren, wenn Sie es nicht wollten. Ich habe über Ihr Leben nicht zu verfügen.

2. Das Leben tut Ihnen so weh, daß Sie nicht mehr dasein wollen. Vielleicht wollen Sie deshalb auch gar nicht mehr reden. Wir können miteinander schweigen, wenn Sie es möchten, wir können auch miteinander sprechen, wenn Ihnen danach ist:

Was ist für Sie das *Schwerste,* jetzt – oder schon seit langem? *Was* können Sie nicht mehr ertragen?

Mögen Sie mir davon erzählen? Und auch davon, wie es dazu gekommen ist?

3. Ich habe das alles gehört und mit Ihnen gefühlt, so weit es mir möglich war. Ich beginne zu verstehen, warum Sie nicht mehr dasein wollen.

Haben Sie keine Sorge, ich könnte nun versuchen, Sie zum Weiterleben zu überreden. Doch fragen möchte ich Sie in diesem Gespräch, ob *jetzt* die Zeit für Sie ist, aus dem Leben zu gehen.

4. Sie haben alles versucht, um Ihre Probleme zu lösen? Sie haben auch alles versucht, um sich bei der Lösung helfen zu lassen?

Was haben Sie unternommen?

Kann es sein, daß Sie einige Möglichkeiten nicht versucht haben? (Wenn möglich, konkrete Hinweise geben.)

5. Da ist offenbar vieles, was Sie nicht mehr aushalten können, und zweifellos können sie mit dieser Not nicht länger leben. Ich spüre, welcher Druck auf Ihnen lastet . . .

Da ist auch manches, was Sie nicht selbst zu verantworten haben. Und das ist bitter. Ich denke da an . . . (Wenn möglich, konkrete Hinweise geben.)

Aus Ihrer *gegenwärtigen* Sicht muß Ihnen Ihre Lage aussichtslos erscheinen. Ob sie in *Wirklichkeit* aussichtslos ist?

Kann es sein, daß Sie die Menschen, die Ihnen das angetan haben, hassen? Erzählen Sie mir von ihnen. Kann es auch sein, daß Sie das Leben selbst oder das Schicksal oder Gott für das verantwortlich machen, was Ihnen widerfahren ist?

Sprechen wir auch darüber.

6. War da auch Schweres, was Sie selbst zu verantworten haben? Mögen Sie darüber reden?

Ob Sie sich deswegen auch selber hassen?

Es wäre gut, wenn wir auch über Ihre Selbstvorwürfe sprechen könnten, denn sie können Gift für die Seele sein wie kaum etwas anderes – sofern sie unbegründet sind. Denn je mehr sich ein Mensch grundlos Vor-Würfe macht, desto mehr verletzt er sich. Und je mehr er sich verletzt, desto mehr nimmt er sich selbst das Gefühl, gern leben zu wollen.

Andererseits gibt es kaum Befreienderes als dies: sich den Selbstvorwürfen zu stellen, die berechtigt sind. Denn wer sich dem stellt, was er selbst zu verantworten hat, gewinnt ein erstaunliches Maß an Freiheit – so weh ihm auch, zunächst einmal, das tun mag, was er sich eingesteht.

Darüber hinaus habe ich die merk-würdige Erfahrung gemacht, daß nur der Mensch, der ehrlich genug ist, in seine eigenen Dunkelheiten hineinzusehen, auch die Seiten von sich zu sehen bekommt, die zu seinen besten gehören.

7. Sie sagen, Sie sind müde vom Leben. Das wird so sein. Doch frage ich Sie:

Von *welchem* Leben sind Sie müde? Von dem großen, weiten, uns umgebenden, von der Welt, in der auch jetzt gelacht, geliebt und geweint wird – oder von Ihrem eigenen, persönlichen Leben?

Ich meine damit: Verzweifeln Sie vor allem an sich *selbst*

– oder ist das Leben *insgesamt* für Sie der Grund für Ihre Mutlosigkeit?

Trifft vielleicht beides zu?

Lassen Sie uns darüber lange reden.

8. Ist da nichts mehr im Leben, wovon Sie angezogen werden? Nach nichts mehr haben sie Verlangen?

Nichts ist mehr da, was Sie wertvoll finden – oder gar lieben?

Alles in der Welt ist Ihnen gleichgültig?

Und wie Sie und ich jetzt miteinander reden – Sie werden davon nicht berührt?

Wenn das so sein sollte – wie haben Sie nur in all den Jahren an dieser Welt gelitten!

Und wenn Sie an sich persönlich denken – da ist nichts mehr in Ihnen, wovon Sie sagen könnten, das sei wert, ausgelebt zu werden?

Da ist nichts mehr in Ihnen, worauf sie sich selbst verlassen könnten?

Sie lehnen sich *ganz* ab?

Was mag nur Ihre *Seele* dazu sagen?

Und wenn es so sein sollte, daß Sie sich ganz ablehnen – wie haben Sie nur in all den Jahren an sich selbst gelitten!

9. Ich denke an einen Satz, den ich von meinem Lehrer gehört habe. Er sagte, daß nicht wir dem Leben Bedingungen zu stellen haben, sondern daß das Leben uns Bedingungen stellt.

Kann es aber nicht sein, daß es Menschen gibt, für die bestimmte Lebensbedingungen einfach zu schwer sind? Das kann sein. Ich frage mich nur, ob *Sie* zu diesen Menschen gehören.

Ich zweifle nicht daran, daß für die meisten weder die Lebensbedingungen noch die Art ihrer Persönlichkeit letztlich darüber entscheiden, ob ihr Leben gelingt oder nicht. Entscheidend ist, was ich selbst aus dem, was ich vorfinde, mache. Wie könnte ich sonst verstehen, warum es Menschen gibt, die innerlich und äußerlich hervorragend ausgestattet sind und trotzdem mit ihrem Leben nicht zurecht-kommen?

10. Was könnten das für Fragen sein, die Ihnen das Leben *jetzt* stellt?

Vielleicht die, ob Sie Ihrer Seele zumuten wollen, auf die Entfaltung Ihrer in Wirklichkeit vorhandenen Möglichkeiten zu verzichten (unter Wirklichkeit verstehe ich, im Gegensatz zur Realität, das noch nicht Sichtbare und doch Vorhandene).

Vielleicht auch jene, ob Sie tatsächlich glauben, Sie seien dort, wo Sie zu Hause sind, ersetzbar.

Oder die, ob Sie dem Leben nach diesem Gespräch noch eine Chance geben. Vielleicht liegt ja an diesem Tage der Wert Ihres Lebens darin, daß Sie es heute nicht wegwerfen.

Manchmal stehen wir an unserem Lebensfluß an einer Stelle, an der wir nur noch ein Rinnsal sehen. Dann kommt es darauf an, zu warten, bis er wieder zu strömen beginnt . . . Oder darauf, daß wir selbst die Blockaden beiseite schaffen . . .

Wer Gründe zum Leben sucht, wird sie wahrscheinlich auch finden. Wer sie nicht oder nicht mehr sucht – wie sollte er sie finden?

11. Das klingt schön, werden Sie sagen, nur lösen schöne Worte meine konkreten Probleme nicht.

Sie haben recht. Ich habe gegenwärtig auch noch keine konkrete Idee, wie Sie sie bewältigen könnten. Aber – ich will darüber nachdenken und, wenn Sie wollen, auch Freunde und Kollegen befragen.

Wichtig ist jetzt zunächst einmal, daß Sie sich fragen – deutlicher noch als zu Beginn unseres Gesprächs –, worin Sie das gegenwärtig schwerste, das zweitschwerste, das nächstschwerste Problem sehen – und sich darüber Klarheit verschaffen, woran sie schon bald und woran Sie erst später arbeiten könnten – wenn Sie mögen, mit meiner Hilfe.

Es tut gut, in schweren Zeiten, in denen einem die Schwierigkeiten über den Kopf gewachsen sind, wenigstens eine gewisse Ordnung in den vor einem liegenden Aufgaben zu erkennen.

Es kann aber auch sein, daß ein bestimmtes Problem sich nicht lösen läßt. Es gibt Not, die bleibt und trotzdem für einen Menschen kein Grund sein muß, sich das Leben zu nehmen. Grund zum Weiterleben hat der, der über sein schweres Problem *hinaus* etwas Lebens-Wichtiges findet, das stark genug ist, ihn tragen zu können.

Mir fällt ein Bild dazu ein: Stellen Sie sich einen Steg vor, der über einen Bach führt. Er besteht aus drei Holzbohlen, deren mittlere zerbrochen ist. Nehmen wir an, die mittlere Bohle ließe sich nicht ersetzen, man brächte jedoch links und rechts des alten Steges zwei neue Bohlen an. Die erneuerte Brücke wäre zwar keine architektonische Schönheit, man könnte jedoch mühelos darübergehen.

Solche »Bohlen« könnten Sie in der nächsten Zeit suchen, und ich suche mit, wenn Sie es wollen.

12. Nur, da ist etwas, was ich Ihnen nicht abnehmen kann: eine gewisse Bereitschaft zu entwickeln, noch ein Stückchen weiterzuleben, noch ein Stückchen weiterzusuchen – noch einmal zu probieren, ob Leben nicht doch geht. Wir könnten auch nach dieser Bereitschaft suchen.

Woher ich den Mut zu einem solchen Versuch nehme? Ich habe zwei Gründe.

Der erste Grund:

In vielen Gesprächen mit hoffnungslosen Menschen habe ich erfahren, daß ein Mensch immer mehr ist als sein Problem. Es sieht oft nur so aus, als füllte die Not die Seele ganz aus. In Wirklichkeit aber ist sie ein Land mit vielen unentdeckten Räumen. Das weiß ich aus Träumen, aus Imaginationen und von Menschen, die, wie Sie heute, durch ihre Not *hindurchgegegangen* sind und freie Wege gefunden haben.

Der zweite Grund:

Es gibt in jedem Menschen ein Gespräch, das niemand hört und kaum jemand als Gespräch erkennt. Es findet an einem Ort statt, den jeder kennt und der doch nur wenigen vertraut ist. Es findet ständig statt und bestimmt unser ganzes Lebensgefühl.

Ich denke an das Zwiegespräch in unserer eigenen Seele, an das Für und Wider der Gedanken und Gefühle, an das Hin und Her zwischen Zögern und Entscheiden.

Es ist das Gespräch zwischen dem *Jasager* in uns, der das Leben will und sucht, und dem *Neinsager* in uns, der sich weigert, zu hoffen und zu glauben, daß Leben geht und gut sein kann.

Wenn Sie vertraut werden mit dieser weiten inneren Welt und ihren zwei Kontrahenten, habe ich für Sie Hoffnung genug, daß Sie eines Tages auf das Bleiben im Leben nicht mehr verzichten wollen.

Ich weiß nicht, warum mir das gerade jetzt ein-fällt: Als ich ein kleiner Junge war, stießen mich andere Jungs ins Wasser. Ich wäre fast ertrunken. Und in dem Augenblick, in dem ich glaubte, sterben zu müssen, hatte ich wieder Grund unter den Füßen.

Ob unser Gespräch ein Stückchen neuer Boden unter Ihren Füßen sein könnte?

13. Sie sagen, Sie sind müde vom Leben. Das glaube ich Ihnen. Deshalb gilt vielleicht auch dies für Sie:

Es gibt Zeiten, in denen ein Mensch keine Kraft mehr hat, sich noch irgendwelchen Anforderungen stellen oder einen anderen um Hilfe bitten zu können. In solchen Zeiten braucht er nichts anderes mehr als dies: für eine gewisse Zeit aufzuhören, sich an seinen Nöten wundzureiben oder sie bewältigen zu wollen. Dann ist es wichtig, für eine gewisse Zeit gar nichts mehr zu tun und sich fallen zu lassen. Manchmal braucht die Seele einzig und allein unsere Einwilligung in das, was *jetzt* ist. Dann kann es geschehen, daß sie sich allmählich erholt und – vielleicht sogar von selbst – einen Teil der »Heilung« übernimmt, um den wir uns selbst, nur vergeblich, so lange bemühten.

14. Ich sehe Sie vor mir in Ihrer Traurigkeit. Ich sehe, daß Sie so weit weg sind von sich selbst. Dennoch oder gerade deshalb frage ich Sie:

Sind Sie am Ende Ihres Weges – oder ist das Leben mit Ihnen am Ende?

Wenn Sie meinen, Sie *persönlich* seien am Ende – glauben Sie, Sie hätten das *Ende* Ihrer Wege schon gesehen?

Wenn Sie meinen, das *Leben* sei mit Ihnen am Ende – sind Sie sicher, daß diese Welt für Sie keinen Platz mehr hat?

15. Wenn Sie gleich gehen, werde ich weiter an Sie denken. Ich weiß nicht, ob Sie, wie ich es Ihnen vorschlagen möchte, morgen wiederkommen werden. Ich wünsche es Ihnen, und ich wünsche es mir. Ich wünsche es mir, weil Sie mir heute nahegekommen sind. Ich wünsche es Ihnen, weil ich zutiefst daran glaube, daß fast jede Krise – und dauert sie noch so lange – eine Chance ist, zum Leben durchzudringen. Sie wissen ja: Die Mitte der Nacht ist der Anfang des Tages. Lassen Sie uns ab morgen konkret werden und fragen, wie Sie aus Ihrer schlimmsten Not möglichst bald herauskommen können.

KAPITEL 9

Endlich leben können

Beratung einer selbstmordgefährdeten Frau

Ich lernte die 35jährige Ingrid durch ihre Briefe kennen:
»Ich habe – vielleicht entgegen Ihrer Erwartung – keine großen Worte oder Phrasen anzubieten, wie etwa: ›Ich halte das
Leben nicht mehr aus‹ – oder: ›Ich bin so wertlos‹ – oder: ›Mich
liebt ja keiner‹. Es gibt eigentlich nichts weiter zu sagen, als
daß ich – hätte ich nur meine Wünsche zu berücksichtigen –
stillschweigend verschwinden würde.

Das einzige, wonach ich ernsthaft suche, ist ein Weg, der
meinen Angehörigen den Wunsch nach Tod verständlich
und tragbar machen könnte. In diesem Punkt fühle ich
mich total unverstanden und wünsche mir deshalb die
Gemeinschaft Gleichgesinnter, die mir das Empfinden nehmen könnten, ich sei nicht normal.«

Ingrid suchte eine Gruppe lebensmüder Menschen, die
ihr dabei behilflich sein sollten, mit guten Gründen aus
dem Leben gehen zu können. Da sie in einer Tageszeitung
einen Artikel von mir über Selbsthilfegruppen gelesen hatte, wandte sie sich an mich. Eine solche Gruppe habe ich
ihr nicht genannt. Statt dessen bot ich ihr an, mit ihr zu
arbeiten, trotz und gerade wegen ihrer unmißverständli-
chen Ankündigung, ihre Zukunft bestehe nur noch aus
wenigen Monaten.

Kurz nach Beginn unserer Gespräche schrieb sie mir:
»Vor ca. einer Stunde beendeten wir unsere Sitzung. Ich
stehe noch ganz unter dem Eindruck – und schreibe deshalb spontan an Sie. Ich muß Sie vor mir warnen! Das ist

keine launenhafte Äußerung, sondern eine sehr ernste (und für beide Teile wichtige) Aussage! Bitte, lassen Sie sich von meiner erlernten ›Fähigkeit‹, Dinge in Worte zu kleiden, nicht täuschen. Ich flehe Sie an, erkennen Sie gleich, daß dies doch nur eine Fassade ist, die allem Anschein nach mit erheblicher Wirkung meine Wertlosigkeit verdeckt und die Menschen täuscht. Ich muß Sie und mich vor einer großen Enttäuschung bewahren: Hier ist nichts, was man entdecken kann, hier liegt kein verborgener Schatz, den es nur auszugraben gilt – hier ist alles leer, flach, dumm!« – Anlaß zu Ingrids kurzem Brief war vermutlich meine Äußerung gewesen, sie wirke auf mich, entgegen ihrer Selbsteinschätzung, intelligent und lebensfähig.

Daß sie sich überhaupt auf unsere Gespräche einließ, zeigt, daß sie sich und ihre Beziehung zum Leben noch nicht ganz aufgegeben hatte. Darüber staune ich immer wieder, wenn ich mit selbstmordgefährdeten Menschen zu tun habe: Einerseits sehen sie keinen anderen Ausweg mehr als den, ihr Leben selbst zu beenden, andererseits kommen sie zu uns, öffnen sich und sind zur Mitarbeit bereit. Das jedenfalls gilt für viele.

Gibt es für diese unterschiedlichen Strebungen einen Grund? Wahrscheinlich den: Die Seele ist eben polyphon, ist ein Chor von vielen Stimmen. Und ihr unbewußter Bereich, der vom Leben-Können viel mehr weiß als der bewußte, mobilisiert in kritischen Situationen alle ihm verfügbaren Kräfte – weil er leben will.

Bevor ich nun auf die Inhalte unserer Gespräche zu sprechen komme, will ich kurz von Ingrids Vorgeschichte berichten. Denn nur dann, wenn wir wissen, welche *Sinnfindungsbarrieren* ein Mensch auf seinem Wege vorfindet – ob selbstverantwortet oder nicht, ist eine zweite Frage –, können wir verstehen, was ihm die ersehnte Sinnerfahrung erschwert.

Wann immer wir uns verlaufen haben – ob in der äußeren oder in der inneren Welt –, die Frage, wie der Weg weitergehen könnte, werden wir nur dann beantworten, wenn wir zuerst danach fragen, woher wir gekommen sind. Es geht nicht an, die Irrungen und Wirrungen, die Verletzungen und Verzweiflungen vergangener Zeiten ungesagt, unbetrauert und zu Stein und Asche werden zu lassen. Was wir an Schwerem erlebt haben und was noch heute unser Herz beschwert, will überwunden und angenommen werden. Wenn wir frei sein wollen *für* die Gegenwart, müssen wir frei werden *von* der Vergangenheit.

Zur Vorgeschichte

Ingrid wurde als zweites von drei Kindern geboren. Mit dem jüngeren Bruder hat sie bis heute eine freundliche, aber keine tiefe Beziehung. Tief dagegen war ihre Beziehung zu ihrem älteren Bruder, der – trotz seiner hervorragenden Karriere – sich mit 25 Jahren das Leben nahm (Ingrid war zu jener Zeit 22 Jahre alt). Der Bruder wollte nicht mehr leben, weil er fest daran glaubte, nichts Wesentliches mehr erleben zu können. »Was soll's?« war seine ständige Rede. Ingrid litt sehr unter seinem Selbstmord. Oft überkam sie der Gedanke, sich mit ihm solidarisieren zu müssen.

Der Vater war ein mürrischer Mann gewesen. Zeit seines Lebens hatte er, wie Ingrid auch, darunter gelitten, daß er nicht hatte studieren können. Streng, hart, manchmal brutal war er mit den Kindern umgegangen. Um nur ein Beispiel zu nennen: Als Ingrid zehn Jahre alt war, versprach er ihr eine Armbanduhr, wenn sie es wagte, allein durch eine lange finstere Straße zu gehen. Ingrid wagte es. Zwar noch vor Angst zitternd, doch vor Freude strahlend kam sie zu Hause an. Der Vater beachtete sie kaum. Und als sie ihn an sein Versprechen erinnerte, sagte er unwirsch, »das« habe er »so« nicht gemeint.

Die Mutter hatte sich offenbar nicht fähig gefühlt, die Kinder gegen die Übergriffe des Vaters zu schützen. Aus Angst vor ihm hatte sie sich ihm gefügt, wann immer er aggressiv geworden war. Was für ein Mensch war sie?

Ingrid hatte Mühe, sie zu beschreiben. Beschreiben konnte sie nur Mutters Ichbezogenheit und ihre Unklarheit in Wesen und Ausdruck. Geliebt gefühlt hatte sie sich von keinem Elternteil. Ihre Bemühungen um Zuwendung waren oft ins Leere gegangen. Ihre Träume von den Eltern fand ich erschütternd.

Mit sechzehn Jahren unternahm Ingrid ihren ersten Selbstmordversuch. Der Grund? Offenbar wußte sie keinen anderen Weg, um den Eltern ihre Not zu zeigen. »So richtig umbringen« wollte sie sich nicht. Dennoch: Der Tod war nicht fern gewesen. Als sie nach dem Krankenhausaufenthalt nach Hause kam, schlug der Vater sie ins Gesicht und sagte: »Du kannst ja nicht einmal sterben.«

Mit 20 Jahren heiratete sie. »Nett« sei ihr Mann, sagte sie, doch sehr wesensverschieden von ihr. Sich nannte sie einen »Leistungstyp«, ihn dagegen »eher phlegmatisch«. Sie schätzte an ihm, daß er ihre langjährige Leidensgeschichte mit viel Geduld und nicht ohne Liebe mitgetragen hatte. Die Ehe nannte sie »nicht schlecht«. Da sie aber große Mühe mit »Durchschnittlichem« hatte, litt sie darunter, mit ihrem Partner »das große Verstehen« nicht leben zu können.

Kinder konnte sie nicht bekommen. Auch darunter litt sie zunächst sehr. Ein adoptiertes Mädchen söhnte sie jedoch mit ihrem Geschick aus.

Mit 32 Jahren folgte der zweite Selbstmordversuch, ein ernstgemeinter. Sechs Monate blieb sie in der Nervenklinik. Danach schien sie lebenszugewandter zu sein. Die Suizidgefahr war allerdings keineswegs überwunden. Bis zu ihrem dritten Versuch vergingen keine zwei Jahre. Nach drei Wochen wurde sie aus dem Krankenhaus entlassen. Wenige Monate später begannen unsere Gespräche.

Die Probleme

Warum wollte Ingrid nicht mehr leben?

1. Sie konnte nicht verwinden, daß ihre Eltern kein spürbares Interesse für sie zeigten. Deshalb fühlte sie sich vom Leben ungewollt und zog daraus den Schluß, sich auch selbst nicht annehmen zu dürfen.

2. Weil sie sich selbst nicht annahm, entwickelte sie nur wenig Phantasie für die Wahrnehmung ihrer tatsächlich vorhandenen Begabungen und Fähigkeiten.

3. Die daraus resultierende Unsicherheit führte zu nicht geringen Störungen in ihrer Beziehung zu anderen. Sie wiederum verstärkten ihren Eindruck, »nichts wert« zu sein.

4. Ihr Streben nach Geltung durch Leistung verminderte ihre mögliche Freude an sachlicher Arbeit. Zugleich machte sie die Erfahrung, daß Leistung zwar berufliche Anerkennung bringen kann, nicht aber das Gefühl begründet, als *Mensch* wert zu sein. Gerade danach aber sehnte sie sich.

5. All diese Schwierigkeiten führten dazu, daß Ingrid immer mehr um ihr eigenes unglückliches Ich kreiste und dadurch zunehmend die Beziehung sowohl zu sich selbst als auch zur Welt verlor.
   Wird der Welthorizont eines Menschen eingeschränkt, verengt sich auch sein Wertgesichtsfeld. Er sieht nicht mehr klar genug, welche Werte im Leben darauf warten, von *ihm* gelebt zu werden. Wird sein Wertgesichtsfeld eingeschränkt, verliert er an Wertgefühl auch für die eigene Person. Die Folgen sind: zunehmender Mangel an Sinnerfahrung und daher Erweiterung des Bereiches ungelebten Lebens.

6. Ihre Neigung zum Selbstmord wurde zweifellos auch da-

durch verstärkt, daß der geliebte Bruder sich das Leben genommen hatte, obwohl er so erfolgreich gewesen war. Dadurch wurden ihre eigenen Bemühungen, dem Dasein Sinn abzuringen, stark unterhöhlt.

7. Im Laufe der Gespräche stellte sich heraus, daß in der Familie ungewöhnlich viele Angehörige sich das Leben genommen hatten. Lag eine Disposition zum Suizid vor? Ingrid sah es so, und wahrscheinlich hatte sie recht. Doch keine negative Disposition ist gleichbedeutend mit schicksalhafter Zwangsläufigkeit, jedenfalls dann nicht, wenn ein Mensch zu begreifen beginnt, daß Geist schöpferische Kraft ist, die ihn dazu befähigen kann, zwar nicht über sich selbst, wohl aber über viele lebens- und glücksmindernde Fesseln hinauswachsen zu können.

Die Lebens-Beratung

1. Ingrid hatte in Kindheit, Jugend und späteren Jahren viel gelitten. Sie hatte, wie allerdings viele andere auch, Eltern gehabt, die ihr nicht das gaben, wonach sie sich sehnte. Da uns aber der Verweis auf das Schicksal anderer nur selten tröstet, ging es zunächst darum, ihre zu Schwermut verdichtete alte Trauer so weit wie möglich abfließen zu lassen. Sie lernte, das auszusprechen, was sie bisher weder sich selbst noch anderen in der notwendigen Klarheit hatte eingestehen mögen. Viele Tränen und mancher Zornausbruch über ihr zu schweres Leben erleichterten die Kammern ihrer Seele um ihre hart gewordenen Erinnerungen.

2. Wir sprachen darüber, daß unsere Vergangenheit uns zwar prägt, uns jedoch nicht bis zum Tod bestimmen muß – daß unsere Eltern zwar maßgeblich an unserer Entwicklung beteiligt, nicht aber für den *Gesamtverlauf* unseres Lebens verantwortlich sind. Denn: Eltern sind die Ursache, nicht aber der *Grund* unseres Lebens. Darum haben wir die Gründe für unser

Leben auch nicht bei den Eltern, sondern im Leben selbst zu suchen. Die ihr durch diese Gedanken fühlbar werdende Einsicht in die Notwendigkeit und *Möglichkeit*, selbst das Leben in die Hand nehmen zu können, wurde für Ingrid zur zentralen Lebenshilfe. Durch die Entdeckung der *Kraft* von Selbstverantwortung fand sie den Mut zur Revision ihres gesamten bisherigen Lebens. (Nein, verehrter Leser, die Gespräche darüber verliefen keineswegs so strohern, wie ich sie hier zusammenfassend darstelle.)

3. Ingrid entdeckte, daß wir nicht alles, was uns an Schwerem widerfährt, sinnvoll nennen müssen. Denn das Leben ist zu groß, als daß wir es immer verstehen, geschweige denn bestehen könnten. Wichtig wurde ihr in diesem Zusammenhang ein Text C. G. Jungs, den er gegen Ende seines Lebens geschrieben hat. Für mich gehört dieser Text zu den ganz großen Passagen der psychologischen Weltliteratur:

»Ich bin zufrieden, daß mein Leben so gegangen ist. Es war reich und hat mir viel gebracht. Wie hätte ich so viel erwarten können? Es waren lauter nicht zu erwartende Dinge, die sich ereigneten. Manches hätte vielleicht anders sein können, wenn ich selber anders gewesen wäre. So war es aber, wie es sein mußte; denn es ist geworden dadurch, daß ich so bin, wie ich bin. Vieles ist durch Absicht entstanden, geriet mir aber nicht immer zum Vorteil. Das meiste aber hat sich natürlich und aus Schicksal entwickelt. Ich bereue viele Dummheiten, die aus meinem Eigensinn entstanden sind, aber wenn ich ihn nicht gehabt hätte, wäre ich nicht zu meinem Ziel gekommen. So bin ich enttäuscht und bin nicht enttäuscht. Ich bin enttäuscht über die Menschen und bin enttäuscht über mich selber. Ich habe Wunderbares von Menschen erfahren und habe selber mehr geleistet, als ich von mir erwartete. Ich kann mir kein endgültiges Urteil bilden, weil das Phänomen Leben und das Phänomen Mensch zu groß sind. Je älter ich wurde, desto weniger verstand oder erkannte oder wußte ich mich. Ich bin über mich erstaunt, enttäuscht, erfreut. Ich bin betrübt, niedergeschlagen, enthusiastisch. Ich bin das alles auch und kann die Summe nicht ziehen. Ich bin außerstande, einen definitiven Wert oder Unwert festzustellen, ich habe kein Urteil über mich und mein Leben. In nichts bin ich ganz sicher. Ich habe keine definitive Überzeugung – eigentlich von nichts. Ich weiß nur, daß ich geboren wurde und existiere, und es ist mir, als ob ich getragen würde. Ich existiere auf einer Grundlage von etwas, was ich nicht kenne. Trotz all der Unsicherheit fühle ich eine Solidarität des Bestehenden und eine Kontinuität meines Soseins.

Die Welt, in die ich hineingeboren wurde, ist roh und grausam und zugleich von göttlicher Schönheit. Es ist Temperamentssache zu glauben, was überwiegt: die Sinnlosigkeit oder der Sinn. Wenn die Sinnlosigkeit absolut überwöge, würde mit höherer Entwicklung die Sinnerfülltheit des Lebens in zunehmendem Maße verschwinden. Aber das ist nicht – oder scheint mir nicht – der Fall. Wahrscheinlich ist, wie bei allen metaphysischen Fragen, beides wahr: Das Leben ist Sinn und Unsinn, oder es hat Sinn und Unsinn. Ich habe die ängstliche Hoffnung, der Sinn werde überwiegen und die Schlacht gewinnen.«[1]

4. Ingrid begann zunehmend zu *begreifen*, daß das gesamte Leben *ambivalent* ist und daher negative und – positive Gehalte in sich birgt. Je tiefer ihr diese Wahrheit aufging, desto weniger kreise sie um ihr unglückliches Ich. Sie fing an, Werte zu suchen, nicht nur in den wechselnden Situationen ihres konkreten Lebens, sondern auch in sich selbst.

Irgendwann war sie sogar bereit, sich noch einmal ihr altes Leben anzusehen und nach Stunden und Zeiten Ausschau zu halten, die vielleicht so wertlos nicht waren. Und ihre Seele gab verschüttete Erinnerungen auch an gute Tage frei. Es war bewegend, mitzuerleben, wie sie sich schließlich doch noch ein wenig mit ihrer früheren Zeit aussöhnen konnte.

5. Je mehr sich der Welt- und Werthorizont eines Menschen

erweitert, desto beziehungswilliger und -fähiger wird er. Ingrid knüpfte neue Beziehungen zu anderen, staunte darüber, daß andere sich gern mit ihr verabredeten, und begann zu glauben, daß auch sie anderen Menschen etwas bedeutete. Sie bildete sich fort. Sie machte für sie verwegene Reisen. Sie entwickelte ein politisches Verantwortungsgefühl. Sie fing an, das ihr bislang so dunkel erscheinende Leben zu ent-decken.

6. Die Entdeckung, daß andere ihre Nähe suchten – nicht aus Mitleid, sondern ihretwegen –, führte dazu, daß sie auch ein Gefühl dafür entwickelte, wie wichtig sie auch für ihre Familie war. Ihr ging auf: Hätte sie sich das Leben genommen – sie hätte eine große Lücke hinterlassen. Dieser für sie neue, *gefühlte* Gedanke veranlaßte sie zu einem bewußteren Umgang mit ihrem Gatten. Die Neuorientierung in der Ehe verlief zunächst für beide nicht ohne Schmerzen, sie führte jedoch zur Vertiefung der Beziehung. Es versteht sich von selbst, daß dadurch auch die Tochter leichter leben konnte.

7. Welche Einstellung konnte Ingrid zu ihrer Disposition zum Selbstmord finden? Sie begriff, daß ihre Neigung eine gegen sie gerichtete und letztlich nicht verstehbare Macht darstellte. Und sie begann, diese Neigung als ihre ganz persönliche *Lebensaufgabe* und *Herausforderung* zu sehen.

Was konnte sie tun, um dieses Element nicht übermächtig werden zu lassen? Wieder half ihr der Ambivalenzgedanke. Ihr ging auf: Je stärker sie sich dem *Gegenpol* ihrer selbstaggressiven Tendenzen zuwandte – dem, was sie als liebenswert und wichtig zu entdecken begonnen hatte –, desto eher würde sie in der Lage sein, diese Tendenzen in Grenzen zu halten.

Nein, Ingrid war, als sie sich von mir verabschiedete, nicht frei von Gedanken daran, sich das Leben zu nehmen, aber die Gedanken hatten keine Kraft mehr über sie. Sie ist auch kein glücklicher Mensch geworden, aber sie hat inzwischen viele glückliche Stunden erlebt. Sie will leben.

Und sie lebt so, daß nicht wenige, die sie näher kennenlernten, selbst anders zu leben begannen.

Ingrid zu beraten war schwer. Die skizzierten Punkte spiegeln in keiner Weise die Schwierigkeiten wider, die ich mit ihr hatte. Immer wieder zog sie sich auf das »Bekenntnis« ihres Unvermögens zurück.

Was mir half, das Ringen um sie nicht aufzugeben, war die Überzeugung, die auch für sie letztlich entscheidend wurde: daß Leben manchmal »Aufgabencharakter« (Frankl) hat.

KAPITEL 10

Aspekte der Arbeit mit Trauernden

Eine Skizze

Die folgenden zehn Aspekte sind vor allem als Anregungen für Menschen gedacht, die beruflich mit Trauernden zu tun haben. Vielleicht aber geben sie auch den Trauernden selbst Anstöße zum vertieften Nachdenken über ihre Situation.

In jenem Lebenskreis, der vom Schatten des Todes überdunkelt ist, fällt es schwer, sich zurechtzufinden, vor allem deshalb, weil es keinen Ausweg mehr zu geben scheint. Weiterleben – wie kann das gelingen? *Kann* es überhaupt gelingen? Damit gutes Weiterleben möglich wird, braucht der Trauernde *neue* Gedanken, *neue* Gefühle, *neue* Gründe zum Leben.

Gibt es sie?

Während ich diese Skizze niederschreibe, denke ich an einen alten Mann, der auf tragische Weise seine Frau durch einen Verkehrsunfall verloren hatte. Schon zwanzig Minuten vor Beginn unserer Gespräche saß er im Wartezimmer, und es dauerte lange, ehe er nach den Gesprächen unser Haus verließ. Warum kam er, und warum wollte er nicht allein sein? Weil er meinte, ohne seine geliebte Frau nicht weiterleben zu können. Weil er glaubte, mit ihrem Tod auch selbst dem Tode verfallen zu sein. Die Gespräche halfen ihm weiter.

Partir, c'est toujours un peu mourir – Abschiednehmen, das ist immer ein wenig (eigenes) Sterben. Das gilt für das Abschiednehmen von Toten, das gilt aber auch für den Verlust geliebter Menschen, die sich anderen zugewandt haben. Deshalb gelten die folgenden Anregungen zum Teil auch für diese Gruppe von Trauernden.

Die vorliegende Skizze ist aus der Sicht des Therapeuten/Beraters/Seelsorgers/Helfers geschrieben und möchte auch dazu anregen, sie um eigene Erfahrungen zu ergänzen.

1. Schweigen, da-sein, nahe sein; sprechen lassen, zu-hören, hin-hören; den Trauernden weinen, sich aus-weinen lassen; seine Augen suchen, über die Augen eine Brücke zu ihm finden. Mich anrühren lassen von seinem Schmerz.

Ihn zu sehen versuchen in *seiner* Welt, die so ganz anders ist als meine. Er und ich, wir befinden uns zur Zeit an ganz verschiedenen Lebensorten.

Also nicht gleich, wenn überhaupt, mit Vor- und Ratschlägen aufwarten.

Er ist bei mir, weil er nicht mehr bei sich ist. Spüre ich, wie fremd er sich jetzt in seinem eigenen Leben fühlt? Bin ich so bei ihm, daß er sich selbst ein wenig näherzukommen wagt?

Sich im ersten Gespräch die Zeit nehmen, die der Trauernde braucht. Wird sie ihm – aus seiner Sicht – gekürzt, fühlt er sich in der für ihn ungewöhnlichen Lebenslage unverstanden. Not-volle Menschen brauchen phantasievolle Gesprächspartner. Das gilt auch für den Umgang mit der Zeit.

2. Magst du erzählen, was du verloren hast?
Laß dir Zeit. Ich habe Zeit.
Sprache ist Freiheit des Geistes gegenüber der Situation, in der sich ein Mensch vorfindet. Sprache schafft Beziehung zu Glück und Unglück, verhindert, daß Gedanken und Gefühle sich verselbständigen. Sprache schafft Gedanken und Gefühlen Ordnung und Klärung, schafft Distanz zu sich selbst.

Sich aus-sprechen ist not-wendig in der Zeit des Trauerns – vor allem in der ersten Zeit, wenn der Trauernde sich selbst und seine Welt nicht mehr versteht, weil die unterschiedlichsten Gefühle ihn überwältigen: etwa Gefühle von Schmerz, Verzweiflung, Ausweglosigkeit, Angst, Wut, Schuld, Scham, Sehnsucht, Liebe, Gefühle der Anklage und Selbstanklage.

Da kommen die Wenn- und Abersätze – sie müssen ausgesprochen werden. Da kommen die Sätze, die der Trauernde so gern noch gesagt hätte – sie müssen zum Ausdruck gebracht werden. Da kommen auch die schreienden Sätze gegen das Schicksal oder Gott – sie müssen Sprache finden können.

Hin-hören, zu-hören, Verstehensfragen stellen; behilflich sein, das schwer Sagbare sagen zu können.

Sagt er, was er sagen möchte?

Verstehe ich, was diese Worte für *ihn* bedeuten?

Sprache befreit, weil es befreit, sich der Wahrheit zu stellen. Dazu gehört auch das Aussprechen des schwer Sagbaren, daß der andere tot (oder gegangen), wirklich tot ist. Wenn ein Mensch seine gegenwärtige Trauer *gründlich* austrauert, fließen möglicherweise auch alte, längst »vergessene« Tränen endlich ab.

3. Fragen können weiterhelfen, zum Beispiel diese:

Was ist das *Schwerste*?
Die Frage nach dem Schwersten führt den Trauernden ins Zentrum seiner Not. So kann er rechtzeitig damit beginnen, sich seinem Hauptproblem zu stellen. Zugleich ist diese Frage die nach dem nicht ganz so Schweren, Bedrohlichen, also leichter zu Ertragenen. Und da, wo sich auch Leichteres zeigt, vermindert sich der global schwere Druck.

Was ist das *Grundgefühl*?
Diese Frage führt den Trauernden ins Zentrum seiner ihn bestimmenden Gefühle. Je deutlicher ihm sein Grundgefühl ist, desto klarer kann er sich mit ihm auseinandersetzen.

Die Wahrnehmung dieses Gefühls reduziert darüber hinaus seine emotionale Zerstreutheit und bindet die für die Trauerzeit so notwendigen geistigen Kräfte.

Gibt es auch *Überraschendes*?

Die Frage nach dem Überraschenden kann den Trauernden darauf aufmerksam werden lassen, daß Leben selbst noch in leidvollen Situationen ambivalent ist. Das heißt in diesem Zusammenhang, daß gutes Leben selbst dann noch hervorbrechen kann, wenn es am wenigsten erwartet wird (z.B. unerwartete Freundschaften, unerwartete, hoffnungmachende Träume).

4. Was hat der Tote (oder der Fortgegangene) mir gegeben?
Was habe ich ihm gegeben?
Wie bin ich durch ihn geworden?
Wie ist er durch mich geworden?
Worin hat er mich verletzt?
Worin habe ich ihn verletzt?
Was habe ich mit ihm verloren?
Wer war er für mich?
Wer war ich für ihn?

Es ist wichtig, sich »alles« noch einmal anzusehen, das Gute ebenso wie das Schwierige.

Das Schwierige anschauen – das tut weh. Da läßt sich ja nichts mehr ändern. Aber – du kannst darüber trauern, dich aus-trauern und diese Dinge bereuen.

Reue? Damit meine ich das Zulassen des Schmerzes darüber, daß gute Lebens-Möglichkeiten dem Toten gegenüber ungenutzt blieben. Reue in diesem Sinne kann deshalb auch zu dem Entschluß führen, die Versäumnisse der alten Zeit wenigstens anderen gegenüber nicht wiederholen zu wollen.

Das Sterben anderer, das wir miterleben, kann deshalb auch ein »Sterben« eigenen lieblosen Lebens im Gefolge haben.

Und noch etwas: Wieviel Gutes aus eurer gemeinsamen Zeit hast du wohl verinnerlicht – an Blick, Gebärde und Sprache, an Denken und Fühlen, an Anschauung von Leben?

Was hast du in dir von ihm, was dir nicht mehr verlorengehen kann? Was *bleibt* von ihm in dir? Ahnst du es? Weißt du es?

Mit wie vielen Pfunden deiner Liebe ist er in den Tod gegangen? Hat es nicht mir dir zu tun, daß er das Beste vom Leben, die Liebe, kennengelernt hat? Erzähl mir auch davon!

Du sagst, im nachhinein sei dir klargeworden, deine Liebe sei zu gering gewesen. Wer will das ermessen?

War es nicht die Liebe, die *du* geben konntest? Und wenn sie zu gering war – warst *du* es nicht, der ihn dazu herausgefordert hat, sein Bestes zu geben?

Da bleibt – auch später noch – vieles ungeklärt, nicht abgeschlossen. Nicht nur bei dir ist das so. Versuch, diese Dinge, so gut es geht, beim Namen zu nennen. Vielleicht wird dadurch dein Blick freier für das Gelungene und Sinnvolle, das auch war.

5. Nun ist er tot, und du mußt ohne ihn weiterleben. Kannst du das?

Da ist jetzt ein Nein in dir *und*, vielleicht, ein Ja in dir. Das ist so in dieser Zeit.

Wahrscheinlich fällt es dir jetzt schwer, zu erkennen, daß Leben mehr ist als Partnerschaft, mehr ist als Ehe. Leben ist überhaupt mehr als das, was wir in unserem engen Lebenskreis lieben. Deshalb darf es auch nicht sein, daß ein Mensch sein ganzes Dasein auf nur eine einzige Sinnsäule stellt.

6. Was kannst du *jetzt* tun?

Mir kommt ein Bild: Das Leben erscheint mir wie ein Strom. Ein Strom ist kein Kanal. Mit jeder Windung des Stromes verändert sich die Landschaft. Immer wieder tauchen neue Türme, neue Burgen, neue Städte, neue Berge auf. Immer wieder zeigen sich neue Bilder, jedenfalls für den, der auf dem Strom weiterfährt.

Neue Bilder des Lebens auch für dich? Welche denn?

Neue Tatsachen, neue Gegebenheiten, neue Ideen, neue Werte, neue Menschen, neue Hoffnungen.

Menschliches Leben, das bedeutet ständige Veränderung um uns herum, und darum werden ständig neue Sinn-Möglichkeiten geboren.

Menschliches Leben, das bedeutet auch, daß ein Mensch sich selbst ständig verändert, sich verändern kann, eben deshalb, weil immer wieder neue Gründe für Sinn vor-handen sind. Und diese Sinngründe sind auch dann schon vor-handen, wenn man sie noch gar nicht erkennt.

Du kannst das gegenwärtige und das vor dir liegende Leben annehmen, du kannst es auch ablehnen. Die Freiheit dazu hast du, die Entscheidung darüber liegt bei dir.

Ahnst du, wie wichtig dich das Leben nimmt?

Nur du kannst entscheiden, ob du weiterleben willst und wie du weiterleben willst – nur du.

Sagst du ja, wirst du die Erfahrung machen, daß, wer Gründe fürs Leben sucht, sie auch finden wird. Sagst du nein, wirst du die Gründe auch dafür finden, daß sich dein Leben nicht mehr lohnt.

7. Möchtest du etwas im Sinne dessen, der dich verlassen hat, weiterführen, weil »es« euch beiden so wichtig war?

Gibt es etwas anderes, was du jetzt tun möchtest und wozu du bislang keine Gelegenheit fandest?

Du weißt noch keine Antwort auf diese Fragen? Das muß auch nicht sein. Die Antworten aber kannst du finden. Du wirst sie finden, wenn du dich für die Fragen offenhältst.

Vielleicht aber kommt dir schon jetzt eine Idee. Dann laß uns darüber reden.

8. Du sagst, deine Liebe sei von dir gegangen. Du meinst damit den Menschen, der dich verließ. Heißt das aber, daß du *selbst* keine Liebe mehr in dir hast?

Galt deine Liebe nur ihm? Anderen und anderem galt sie nicht? Da ist niemand und nichts mehr, den du oder das du auch jetzt noch lieben könntest? Wenn das so wäre – verzeih, dann hättest du das Leben bislang wohl nicht geliebt.

Und dann: Laß dich fragen, was schwerer zu ertragen ist – nicht mehr geliebt zu werden oder selbst nicht mehr lieben zu können?

Solange du *selbst* liebst, fühlst du in dir das, was wir Menschen am meisten brauchen. Und dazu hast du auch jetzt Gelegenheit. Auch darüber sollten wir lange reden.

9. Bei jedem Trauern kommt einmal die Zeit, in der wir auch den Schmerz los-lassen müssen, weil es auf Dauer nicht gut ist, wenn er an die Stelle des Menschen tritt, den wir verloren haben.

Vielleicht fragst du dich, ob du den Schmerz überhaupt loslassen darfst? Ob du den anderen nicht verrätst, wenn du dieses Gefühl losläßt? Ob du den anderen nicht end-gültig verlierst, wenn du aufhörst, um ihn zu trauern?

Wir *müssen* irgendwann den Schmerz loslassen, weil wir sonst verschlossen bleiben für die *neuen* Sinn-Möglichkeiten, die uns angeboten werden. Und los-lassen *können* wir ihn, wenn wir uns ihnen wieder zu öffnen beginnen. Ob du das willst?

10. Das Trauern durch-zustehen, gehört auch zur Liebe. Denn was wäre das für eine Liebe, frage ich dich, die dich nicht weiter, lebensfähiger, reifer gemacht hätte? Was wäre das für ein Trauern, aus dem sich nicht – irgendwann – ein Lächeln löste in Gedanken an den, den dir das Leben schenkte? Ein Geschenk für dich – solange er bei dir sein konnte.

KAPITEL 11

Nach der Trennung

Elf Aspekte aus der Beratungspraxis

Wie kann ein Mensch weiterleben, wenn der geliebte Partner ihn verlassen hat? Diese Frage, die in Psychotherapie und Beratung eine große Rolle spielt, möchte ich mit elf vorwiegend allgemeinen Gedanken beantworten. Es erscheint mir nämlich verhängnisvoll, diese Frage nur individualistisch zu behandeln und so zu tun, als ob die Struktur der gescheiterten Beziehung nur eine einmalige gewesen sei. Gewiß lassen sich weder einzelne Menschen noch Partnerschaften mit anderen letztlich vergleichen. Menschen sind unverwechselbar, und also sind Partnerschaften es auch. Die Unvergleichbarkeit ist jedoch nur ein Aspekt. Der andere ist, daß wir nicht nur einzigartig sind, sondern auch der Gattung Mensch und einem Typus angehören. Es gibt daher auch allgemeine Grund- und Erfahrungswerte, die wir kennen müssen, wenn wir nach den Bedingungen gelingenden oder scheiternden Lebens des einzelnen Menschen oder seiner Partnerschaft fragen.

Bekanntlich macht uns seit Jahrzehnten eine tiefgreifende Wert- und Sinnkrise zu schaffen. Eine ihrer wesentlichen Ursachen liegt in der überzogenen Pointierung des *Individuellen*. Es hat sich als Reaktion gegen das starre Wert- und Normgefüge der vorauslaufenden Jahrhunderte zunehmend zu dessen *Gegenpol* entwickelt. Das war notwendig und daher weiterführend. Solange jedoch das individuelle Denken in seiner bloßen Reaktion auf die Welt der Werte verharrt, findet der Geist die Mitte nicht.

Die elf Aspekte:

1. Alles Leben ist ambivalent, zweiseitig, hell und dunkel. Das gilt auch für die Liebe, und daran ändert auch das zutiefst empfundene Versprechen ewiger Liebe nichts. Das bedeutet: Wer sich in eine Partnerschaft begibt, kann nie sicher sein, daß das tiefe Gefühl, das zur konkreten Beziehung geführt hat, auf Dauer bleibt. Das in einer bestimmten Situation aufrichtig gemeinte Wort ist das eine – das andere ist die Gespaltenheit unserer Existenz, die uns immer wieder einholt.

2. Trotz unseres mehr oder weniger stark ausgebildeten Besitztriebes gilt, daß kein Mensch einem anderen gehört. Ein Mensch wird allein geboren, allein muß er sterben. Allein hat er den Sinn in seinem Leben und den Weg durch sein Leben zu finden. Allein ist er für sich selbst verantwortlich.

Er kann das Glück haben, für lange Zeit mit einem Partner leben zu können. Daraus darf er jedoch nicht den Anspruch erheben, daß der andere ihm zeit seines *gesamten* Lebens in der von *ihm* gewünschten Weise zur Verfügung steht. Warum nicht? Weil – ich sage es noch einmal – kein Mensch einem anderen gehört und jeder für sich Sinn und Weg zu finden hat.

Hat denn ein Versprechen keine Geltung mehr? Aber sicher! Deshalb ist es auch notwendig, vor einer Beziehungskrise nicht gleich zu kapitulieren, sondern daraus eine Gunst werden zu lassen. Trotzdem: Wenn aus einem Versprechen ein Gesetz wird, erstarrt menschliches Leben. Und wenn ein Gesetz einen Menschen erstarren läßt, ist es gegen das Leben gerichtet.

3. Wenn ein Partner die Beziehung verläßt, ist das häufig keine Absage an den *Menschen*, der zurückbleibt. Es ist eine Absage an den Partner der Partnerschaft. Häufig geht der eine, weil sein Weg fortan anders verläuft als bisher. Das persönliche (sehr verständliche) Gekränktsein des Verlassenen hat deshalb

– aus einem gewissen Abstand betrachtet – häufig keinen *tiefen* Grund. Wenn der eine den anderen nicht mehr liebt, so bedeutet das nicht, daß dieser in Wirklichkeit nicht mehr liebenswert ist.

Fühlt sich jedoch der Zurückgebliebene noch lange Zeit nach der Trennung minderwertig, ist zu fragen, ob er nicht sowohl sein Selbstwertgefühl als auch die Sinnhaftigkeit seines Daseins in unzulässiger Weise vom Urteil seines Partners abhängig gemacht hat. *Kein* Mensch darf für einen anderen Grund und Sinn seines Lebens sein! Wer so lebt oder leben möchte, überfordert den Partner und unterfordert sich selbst.

4. Wenn die behauptete Liebe wirklich Liebe ist und nicht gestillter Besitztrieb, wird der Verlassene zwar um die verlorene Gegenwart und Liebe des anderen verständlicherweise zunächst trauern oder verzweifelt sein. Und doch: Im Laufe der Zeit könnte er sich dazu durchringen, ihm/ihr jene Gunst des Schicksals zu gönnen, die dessen/deren Leben vielleicht noch tiefer, weiter und beglückender macht. Denn letztlich kommt es doch nicht darauf an, daß der geliebte Mensch mit *ihm*, dem bisherigen Partner, sein Glück findet, sondern darauf, daß er es überhaupt findet.

Ob eine solche Haltung zu leben schwer ist oder leicht? Es kommt darauf an, ob der Verlassene den anderen liebt, wirklich liebt.

5. Wer Neues wagen will, muß Altes aufgeben. Das gilt besonders für Menschen, die nach der Trennung ein anderes Leben beginnen wollen. Unerläßlich dafür ist die gründliche Rück-Schau auf die vergangene Partnerschaft. Wenn die ersten depressiven und aggressiven Fluten sich verringert haben, ist es wichtig, sich anzusehen, wie »alles gekommen« ist, die Liebe ebenso wie ihr Verlust. Beides sich anzusehen ist wichtig.

Es ist unklug, nur auf das Schwere zu sehen. Es ist klug, sich auch die herrlichen Stunden noch einmal zu vergegenwärtigen, denn die gehören in den Gesamtzusammenhang des Lebens. Wer sie verdrängt, verdrängt beglückende Erfahrungen. Wer sie nicht verdrängt, dem werden sie zu Gefühlsperlen, die die Kette der guten Erfahrungen mit Leben ein erhebliches Stück verlängern und dadurch das gute Gefühl für Leben vertiefen.

Seit Jahren begleitet mich eine kleine Geschichte: Ein berühmter alter Clown wurde von einem Journalisten auf seine großen Verluste im Leben angesprochen: »Sind Sie verbittert?« – »Nein. Wie kommen Sie darauf?« – »Weil Ihnen doch alles, was Ihnen lieb und teuer war, genommen wurde.« Dem alten Mann wurden die Augen ganz weit. Dann sagte er und staunte noch immer über die Frage: »Das hab' ich doch gehabt« – und noch einmal, um ja nicht dieses kostbare Wissen ungehört zu lassen: »Das hab' ich doch gehabt.«

Klug ist selbstverständlich auch, so wahrhaftig wie möglich sich die eigenen Schwierigkeiten anzusehen, die das Weggehen des Partners begünstigt oder gar verursacht haben. Produktive Selbstkritik söhnt nicht nur – ein Stück weit – mit der gescheiterten Beziehung aus (Nietzsche: »Wer ein Warum zu leben hat, erträgt fast jedes Wie.«), sondern ebnet auch die Wege zu einem veränderten Verhalten anderen gegenüber. Das Unklügste dagegen besteht darin, die eigenen Problemanteile zu leugnen oder sich in destruktiver Selbstanklage zu ergehen.

6. Die destruktive Selbstanklage – so verständlich sie auch sein mag – ist ein besonderes Problem des verlassenen Partners. Kennzeichnend für sie ist der Satz: »Wäre ich nicht so dumm gewesen, hätte ich mich selbstverständlich anders verhalten.« Wären ihm die berühmten Schuppen eher von den Augen gefallen, hätte er den Partner »halten« können.

Gewiß darf diese Selbstanklage sein. Problematisch wird sie nur, wenn sie nicht endet und die Form kontinuierlicher Selbstbestrafung annimmt, deren Kern das Selbstmitleid ist. Selbstmitleid aber gehört zu jenen unangenehmen Pflanzen der Seele, die verhindern, daß sich ein Mensch auf-macht (im doppelten Wortsinn) und sich wieder Neuem zuwendet.

Und schließlich: Auch das ist unser Geschick, daß wir *in* der Zeit leben und darum nur bis zu dem Horizont schauen können, den unser derzeitiger Standort uns zu erkennen erlaubt. Vielleicht ist deshalb für den einen oder anderen, der sich seiner Selbstvorwürfe schwer erwehren kann, diese Weisheit eine Hilfe:

Bastian, die Hauptperson in Michael Endes »Die unendliche Geschichte«, glaubt, auf seiner Reise durch die innere Welt alles falsch gemacht zu haben. Die Dame Aiuola, die die leidenschaftliche Suche Bastians nach den Quellen verfolgt hat, ist da anderer Meinung: »Nein«, antwortet sie, »das glaube ich nicht. Du bist den Weg der Wünsche gegangen, und der ist nie gerade. Du hast einen großen Umweg gemacht, aber es war dein Weg.« Und nach einer Weile fügt sie hinzu: »Jeder Weg, der dorthin führt, war am Ende der richtige.«[1]

7. Manchmal muß es sein, daß der Verlassene sich empört: gegen Lügen zum Beispiel, gegen Verletzungen oder Verrat. Empörung muß in dem Maße sein, in dem er zu Unrecht niedergedrückt wurde. Der sich empörende Mensch ist der sich »empor-«, sich wieder auf-richtende, der nicht zuläßt, daß sein Innerstes unangemessen und auf Dauer verletzt wird. Wer diese Verantwortung für sich selbst nicht übernimmt, läßt es zu, daß sich seine Hilflosigkeit in Bitterkeit und Resignation verwandelt.

Wichtig in diesem Zusammenhang erscheint mir auch der Hinweis, daß der mit Recht Empörte sich nicht mit einer Meute rachelüsterner »Freunde« verbündet, die – mit Worten oder Taten – dem oder der »Treulosen« den Garaus machen. Denn dann kann es geschehen, daß sich die Wut verselbständigt und der Verlassene um die notwendige Auseinandersetzung mit sich selbst gebracht wird. Dann kann es auch geschehen, daß die gut gelebten gemeinsamen Zeiten verschüttet werden. Und schließlich ist durch die

Verurteilungssucht der »Freunde« schon manche mögliche Versöhnung der Partner verhindert worden.

8. Wir können nun einmal nicht über den Rand unserer Zeit hinaussehen. Deshalb neigen viele dazu, sich auf ihre bisherigen (negativen) Erfahrungen zu berufen und sie auf die Zukunft zu projizieren. Erfahrungen aber beziehen sich auf altes, nie auf neues Leben. Nichts, was war, muß sich jedoch wiederholen – weder das Glück noch das Unglück:

»Vor tausend Jahren«, erzählt Kahlil Gibran, »sagte mein Nachbar zu mir: ›Ich hasse das Leben, weil es nichts ist als Schmerz.‹

Und gestern kam ich an einem Friedhof vorbei und sah auf seinem Grab das Leben tanzen.«[2]

Gerade das ist das Wesen des Menschen, daß er seinen *Möglichkeiten* nach offen ist für *anderes*, bisher nicht gelebtes Leben. Die Voraussetzung dafür aber ist die *Weiterentwicklung* seiner Persönlichkeit.

9. Die Mitte jeder menschlichen Persönlichkeit – und sie macht zu guter (neuer) Partnerschaft fähig – ist die Eigen-Ständigkeit eines Menschen.

»Wie steht es um die Ehe, Meister?« läßt Gibran den »Propheten« in dem gleichnamigen Buch fragen. In seiner längeren Rede antwortet der weise Mann auch mit diesen Sätzen:

»Lasset Raum zwischen eurem Beieinandersein. Und lasset Wind und Himmel tanzen zwischen euch . . . Füllet einander den Kelch, doch trinket nicht aus *einem* Kelch.«[6]

Ein Mensch, der aufgrund seiner Trennung eigen-ständig wird, wird nicht nur, falls er eine neue Partnerschaft beginnt, viel freier mit einem neuen Partner umgehen (und Freiheit ist die Mutter der Liebe!), er wird sich auch – mehr noch als bisher – selbst wert-voller fühlen.

10. Bedeutet eine gescheiterte Beziehung nicht doch, Jahre seines Lebens »verloren« zu haben?

Abgesehen davon, daß sich die meisten gescheiterten Partner bei sorgfältiger Rückschau auch an Gutes erinnern können – abgesehen auch davon, daß für manche Menschen selbst Umwege »richtige« Wege sind – ob und welche Jahre »verloren« genannt werden müssen, werden wir nie aus der Gegenwart heraus beurteilen können. Die Beschreibung einer Lebensgeschichte, hat Joseph Wittig einmal gesagt, dürfe nicht bei der Geburt, sie müsse beim Tod beginnen, weil das Ganze eines Lebens und dessen Sinnzusammenhang nur, wenn überhaupt, vom Ende her sichtbar werde.

11. Machen wir uns nichts vor: Die Trennung von einem geliebten Partner gehört zu den schlimmsten Ein-Schnitten im Leben. Doch letztlich ist es selten das Schwere, was uns aus der Bahn zu werfen droht. Was uns am tiefsten bedroht, ist unsere eigene innere Weigerung, veränderte Lebenssituationen, die unseren Vorstellungen nicht entsprechen, an- und aufzunehmen und das Beste daraus zu machen.
Wer verlassen worden ist und noch keine Alternative weiß, hat es zweifellos schwer. Gerade aber sein Eingeengtsein durch die konkrete Not kann ihn auch dazu veranlassen, sich, wie vielleicht nie zuvor, geistig-trotzig auf sich selbst zu besinnen und seine *eigenen* Wurzeln. Und dieser geistige Trotz, der seinen Grund in der Liebe zum Leben hat, ist schon immer eine der großen Kräfte gewesen, die den Mut zur Veränderung *fühlbar* werden ließen.

KAPITEL 12

Sinnerfahrung
bei unabänderlichem Schicksal

Existenzanalytische Logotherapie
mit einem Gesichtsverletzten

Zur Einführung

Jedes unabänderliche Schicksal, das einen Menschen trifft, bedeutet für ihn einen elementaren Wertverlust, der ihn in eine tiefe Sinnkrise führt. Er ist auf die Ein-Schnitte und Widerfahrnisse, die sein Schicksal ausmachen, nicht nur nicht vorbereitet, er ist durch sie – zunächst einmal – auch völlig überfordert. Sein Lebenszusammenhang stellt sich ihm nur noch bruchstückhaft dar.

In den Themenkreis unabänderlichen Schicksals gehören unabänderliche Krankheiten wie zum Beispiel Amputationen, Querschnittslähmungen, unheilbarer Krebs oder Aids.

Dazu gehören der allgemeinen psychiatrischen Einschätzung nach auch seelische Erkrankungen wie zum Beispiel die nicht mehr heilbare Schizophrenie oder die endogene Depression. Schließlich sind auch »Schicksalsschläge« wie etwa Tod eines nahestehenden geliebten Menschen, der ungewollte Abbruch einer Ehe, der ungewollte vorzeitige Abbruch eines beglückenden Berufslebens in diesen Formenkreis einzubeziehen.

So unterschiedlich die Formen des Schicksals und die Reaktionen darauf sein mögen, die *Zugänge* zu den Problemen sind meiner Auffassung nach strukturell die gleichen.

Die Ausnahme gilt für Menschen, die in ihren psychotischen Schüben oder Phasen schwer ansprechbar sind.

Wie kann menschliches Leben bei unumkehrbarem, tiefgefühltem schicksalhaftem Leiden wieder sinnvoll werden? Gibt es Hilfen in einer solchen Lebenssituation? Dieses Thema im Bereich von Medizin und Psychotherapie unüberhörbar wichtig gemacht und selbst Antworten gesucht zu haben, ist eines der großen Verdienste des Wiener Psychiaters und Neurologen Viktor E. Frankl, dem Begründer der existenzanalytischen Logotherapie.

Jeder Mensch kann, so Frankl, zu jeder Zeit Sinn finden, weil jeder Mensch Sinn zutiefst will – und Sinn im Leben vorfindlich ist.

Weil jeder Mensch einzigartig und einmalig ist, sind auch seine neuen Lebenssituationen einzigartig und einmalig. Daher stehen ihm auch immer wieder neue, auf ihn hin zugeschnittene Sinnmöglichkeiten offen.

Leben hat nicht nur Wunsch-, sondern auch und im besonderen »Aufgabencharakter«: »Das Leben selbst ist es, das dem Menschen Fragen stellt. Er hat nicht zu fragen, er ist vielmehr der vom Leben Befragte, der dem Leben zu antworten – das Leben zu ver-antworten hat.«[1]

Die Frage ist nur: Kann denn ein Mensch, zumal der an einer unheilbaren Krankheit Leidende, sich selbst »verantworten«, wenn ihm sein Leid nur ungelöste Fragen aufzubürden scheint?

Im Grunde ja, antwortet Frankl, weil der Wesensgrund des Menschen Verantwortlichkeit ist und niemand sie je verlieren kann. Und weil die Fähigkeit, verantwortlich sein zu können, *Freiheit* einschließt, kann auch ein schicksalhaft leidender Mensch sich von seinem Schicksal ein Stück weit distanzieren und über seine Problematik hinauswachsen.

Die Frage ist nur: *Will* denn der leid-volle Mensch überhaupt, was er Frankls Meinung nach könnte? Potentiell ja, lautet seine Antwort. Warum? Weil die in jedem Menschen angelegte Möglichkeit, über seine Problematik hinauswachsen zu können, Ausdruck seiner Liebe zum Leben ist. Und davon ist auch das schwere Leben nicht ausgeschlossen.

Sind Reflektionen solcher Art in den Augen derer, die »alles« verloren zu haben scheinen, nicht ein Skandal? Frankl weiß schon, wovon er redet, persönlich und beruflich. Er durchlitt als Jude mehrere Konzentrationslager, verlor fast alle Angehörigen und erteilte trotzdem dem Leben keine Absage. Er schrieb auch nicht nur über schicksalhaftes Leiden, er *arbeitete*, und zwar hingebungsvoll, mit schicksalhaft leidenden Patienten. Deshalb bin ich bereit, ihm weiter zuzuhören.

Frankl sagt weiter: *Wenn* die in unserer Zeit bevorzugte Alternative des Machers – Erfolg oder Mißerfolg – tatsächlich das Maß zur Beurteilung von Leben wäre, dann könnten wir uns Überlegungen dieser Art ersparen. Das aber ist nicht der Fall. Denn nicht der Homo faber, der Macher, der seine schöpferischen Möglichkeiten entfaltende Mensch, auch nicht der Homo amans, der Erlebnisfähige, sondern der Homo patiens, der *schicksalhaft leidende* Mensch gelangt Frankls Überzeugung nach am ehesten zu höchster Sinnerfüllung. Wodurch? Durch die Verwirklichung von »Einstellungswerten«, durch die Möglichkeit, zu seinem Schicksal *Stellung* nehmen zu können, wenn die Verwirklichung von schöpferischen Werten und Erlebniswerten stark eingeschränkt oder gar unmöglich geworden ist.

Wenn dann der leidende Mensch zu seinem Schicksal Stellung bezieht, kann es dazu kommen, »daß ich«, so hat Frankl es einmal in einem Gespräch voller Leidenschaft gesagt, »das Tiefste aus mir herausbringe, indem ich nicht mehr liebe und diene, sondern leide, und im Leiden Zeugenschaft ablege, was der Mensch sein kann – im Äußersten, in der Grenzsituation. Das ist Selbstverwirklichung: das, was ich Einstellungswerte genannt habe – das Sinnfinden im hoffnungslosen, aussichtslosen Leiden. Das ist Selbstverwirklichung . . . denn da werde ich erst ich selbst, da bringe ich das Beste aus mir heraus. Dann zeigt sich: Ich

bin noch im Leiden ich selbst gewesen, ich selbst geworden. Denn im Leiden wird man erst man selbst und ganz
man selbst.«

Wer sich nur theoretisch mit unserem Thema auseinan-
derzusetzen braucht, wird diesen Ansatz idealistisch finden. Wer jedoch konkret Menschen mit diesem Schicksal
gegenübersitzt, wird wissen, daß in solchen »Fällen«
nichts anderes übrigbleibt, als dem Leben das Beste abzu-
verlangen. Je tiefer das Leiden ist, desto tiefer müssen wir
graben, um an die tiefsten Lebenswurzeln heranzukom-
men.

Die folgenden Ausführungen basieren auf diesem Ansatz. Sie stellen das vorläufige Ergebnis einer in der Praxis erprobten Bearbeitung dar. Die Praxis möchte ich nun
am Beispiel der Arbeit mit Gesichtsverletzten vorstellen.

Die Vorbereitung auf die erste Begegnung

Weil wir nicht häufig Menschen mit entstellten Gesichtern
begegnen, ist es wichtig, sich längere Zeit auf die erste Begegnung vorzubereiten.

Im ersten Gespräch bin ich nur in dem Maße bei meinem
Klienten, in dem ich mich intuitiv auf das mir fremde Leiden eingestellt habe. Ich »sehe« das Gesicht eines Verletzten und lasse mir einfallen, was er denken und fühlen
könnte. Die Intuition kann mir helfen, mich der Abgründig-
keit dieses unumkehrbaren Schicksals zu nähern. Mögliche
Gedanken und Gefühle des leidenden Menschen könnten
sein:

Ich habe mein Gesicht verloren. – Bodenloses Entsetzen. – Ich möchte mich verstecken. – Das Mitleid der
anderen kann ich nicht ertragen. – Wie kann ich fortan
Mitleid und Zuneigung auseinanderhalten? – Alles ist
sinnlos geworden. – Ich kann mich niemandem mehr zu-
muten. – So will ich nicht sein. – Ich bin gezeichnet. –
Alles ist aussichtslos. – Wenn ich doch nicht das Auto

genommen hätte! – Niemand wird mich mehr umarmen. – Meinen Beruf kann ich nicht mehr ausüben. – Meine Frau/mein Mann wird mich nicht mehr lieben können. Meine Frau/mein Mann wird mich verlassen. – Wie können die Kinder mit einem solchen Vater/einer solchen Mutter leben?! – Ich fühle mich ausgestoßen. – Man dreht sich nach mir um. – Alle Schuld rächt sich auf Erden. Das ist nun meine Strafe. – Wie konnte Gott das zulassen? – Gott kann nicht da sein. – Ich werde mein Leben in Einsamkeit verbringen. – Ich hasse die anderen. Ich bin neidisch auf sie. – Wie kann ich damit weiterleben?! – Ich kann mich nicht mehr ansehen. – Ich ekele mich vor mir selber. – Ich stoße andere ab. – Ich möchte sterben. – Ich bringe mich um. – Bin ich noch der, der ich einmal war? – Wofür soll ich mich anstrengen? – Das Leben ist für mich vorbei. – Daran werde ich mich nie gewöhnen. – Alles teilt sich in Vorher und Nachher. – Wegen meines Gesichtes bin ich einmal geliebt worden. – Ich schäme mich so! – Der Spiegel meiner Seele ist zerbrochen. – Kann ich das sein? – Ich habe meine Identität verloren. – Mein Personalausweis braucht ein neues Bild. – Ich bin anders als die anderen, und jeder sieht das. – Ich scheue das Tageslicht. – Ich möchte den Spiegel zerschlagen. – Niemand lacht mit mir. – Der Glöckner von Notre-Dame. – Ich bin ein Scheusal. – Ich habe keine Zukunft mehr. – Wie haben eigentlich andere damit gelebt? – Ich fühle mich wie ein Aussätziger. – Ich möchte diese Fratze zerstören. – Wer versteht mich denn wirklich? – Wer bin ich jetzt? – Ich habe keinen Platz mehr im Leben. – Womit habe ich das »verdient«? – Mein Tod wäre für alle eine Erleichterung. – Aber ich bin doch da! Auch ich möchte leben! – Nichts wird so wie früher sein. – Gibt es wirklich keinen Ausweg mehr? – Ich werde nie mehr unbefangen einkaufen können. – Zum ersten Mal bin ich in einer Situation, die ich nicht mehr ändern kann. Oder doch? – Die anderen geben sich Mühe, ihr Erschrecken zu verbergen. – Ich bin in zwei Teile zerfallen: äußerlich und innerlich. – Hätte ich nur früher gewußt, wie schön das Leben ist! – Ich will mit diesem Gesicht nicht herumlaufen.

Wer mit einem Gesichtsverletzten arbeiten möchte, tut gut daran, sich vorweg sein mögliches Unbehagen und seine möglichen Ängste einzugestehen, zum Beispiel diese: Werde ich ihn ansehen können? – Werde ich die Kraft haben, die vermutlich lange Begleitung durchzustehen, zumal immer wieder mit Rückschlägen zu rechnen ist? – Kann ich, der ich nicht in seiner verzweifelten Situation bin, ihm überhaupt irgendeine Hilfe sein?

Es ist wichtig, diese und andere Überlegungen zuzulassen. Es ist nicht weniger wichtig, sich zu vergegenwärtigen, daß er mich gebeten hat, für ihn dazusein. Und schließlich kann der in diesem Zusammenhang zentrale Gedanke befreiend sein, daß der Mensch, der mich bald aufsuchen wird, mehr ist als sein Leiden. Denn: Er ist nicht seine Gesichtsverletzung, er *hat* eine Verletzung.

Gib mir, was dir weh tut

Sitzen wir beieinander, ist es gut, zunächst nur dazusein, zu schweigen, zu hören, die Augen des anderen zu suchen – über die Augen eine Brücke zwischen ihm und mir zu bauen. Und es ist gut, sein Gesicht zu durch-schauen, damit ich so früh wie möglich etwas von dem *Menschen* erfahre, der mit mir zu sprechen beginnt. Lasse ich mich von seinem Elend berühren? Verschlingt es mich vielleicht? Dann könnte ich ihm kaum behilflich sein.

Werte kann ich nur in der Gegenwart leben. Und in dieser Gegenwart »gibt mir« mein Gesprächspartner »das letzte, woran er noch irgend glaubt, in die Hand: Er spricht, er teilt sich mir mit, er findet es wert, . . . über sich und seinen Zustand noch einmal hinauszugehen«, schreibt Alfried Längle in einem anderen Zusammenhang. »So versuche ich, mit ihm (hier und jetzt) den ersten Wert zu leben . . . Ich versuche, alles auszublenden, was war, was sein könnte. Ich konzentriere mich auf ihn hier, was er jetzt sagt, und bitte ihn, dasselbe zu tun. Wir lassen alles andere beiseite. Es gibt nur ihn, der sich mir anvertraut, und mich, der jetzt ausschließlich für ihn da ist. Bewußtwerden des Daseins füreinander, hier, wir beide, jetzt.«[2]

Wenn es sich ergibt, werde ich ihm gegen Ende unserer ersten Begegnung sagen:

»Ich habe nichts, was Sie jetzt aus Ihrer Verzweiflung herausreißen könnte. Ich bin nur bei Ihnen, höre Ihnen zu und glaube, daß es gut ist, hier mit Ihnen zu sein. Ich will jetzt nicht woanders sein.

Sie fragen, was Ihrem Leben jemals wieder Grund und Sinn geben könnte. Und ich, der ich mit Ihnen spreche, frage mich, was denn meinem eigenen Leben Grund und Sinn gibt. Das jedoch, was für mich gilt, kann für Sie, besonders in dieser Zeit, keine Antwort sein. Ich glaube aber, daß wir nach Antworten für Sie suchen könnten, wir miteinander. Mir fällt ein Bild ein:

Wenn ich in ein Tal fahre und die das Tal umgebenden Berge sehe, dann staune ich und sage: So hoch also sind die Berge, die ich von weitem gesehen habe.

Steigen wir dann 800 Meter höher, staune ich wieder – denn ich sehe, daß über den vom Tal aus betrachteten Bergen weit höhere aufragen. Das hätte ich nicht erwartet.

Steige ich um weitere 500 Meter höher, entdecke ich, daß über jene höheren Berge hinaus sich noch ein weit mächtigeres Gebirgsmassiv ausbreitet. Vielleicht aber habe ich noch nicht einmal den Gipfel erreicht, von dem aus ich noch weiter sehen könnte.

Heute stehen Sie im Tal. Und der Weg bergauf ist sehr, sehr mühsam. Sie werden oft umkehren wollen und sich fragen: Wozu diese Quälerei? Schaff' ich das? Wie hoch werde ich denn kommen? Lohnt sich diese Anstrengung überhaupt?

Dann sollten wir anhalten, wenn Sie so fragen, und Sie

sollten sagen, was so schwer für Sie ist. Ich würde mich bemühen, Sie nicht billig zu trösten.

Irgendwann wieder weitergehen – darauf käme es an, und ich würde mit Ihnen gehen, ganz gewiß.«

Sich der jüngsten Vergangenheit stellen

Der an einem unabänderlichen Schicksal leidende Mensch steht vor einer gänzlich neuen, von ihm nicht gewollten Lebenssituation und reagiert darauf zunächst völlig hilflos: mit depressiven und aggressiven Gefühlen, mit Verzweiflung und oft auch mit dem Drang, sich das Leben nehmen zu wollen. Seine *bisherige* Einstellung zum Leben ist durch sein Geschick überholt worden, und seine Bereitschaft, zu einer der *neuen* Situation angemessenen zu gelangen, ist zunächst denkbar gering. Darüber hinaus läßt der Mangel an Erfahrung im Umgang mit Leiden, das in keinem Sinnzusammenhang steht oder zu stehen scheint, der Hoffnung wenig Raum. Die bisherigen Werte können nicht mehr oder nur noch zum Teil gelebt werden. Das eigene Leben scheint keinen Sinn mehr zu haben, das Gefühl für den Wert von Leben überhaupt erloschen zu sein.

Weil das so ist, wird der Beginn eines konstruktiven Gesprächs erst dann möglich sein, wenn die Gedanken und Gefühle von Verzweiflung, Ausweglosigkeit, Hilflosigkeit, Schmerz, Trauer, Angst, Wut, Empörung, Anklage, Selbstanklage, Schuld, Scham und auch die Wenn- und Aber-Sätze zur Sprache kommen können – wenn zur Sprache kommen kann, was die Suche nach neuen Sinngehalten verhindert, und der Leidende aus-spricht, was sein Gefühl für Sinn in der ersten Zeit nach seinem tiefgreifenden Erlebnis schwerwiegend überlagert. Dazu gehört, daß er *ausführlich* und *detailliert*, allerdings so, wie er es aushalten kann, über den Unfall berichtet.

Fragen können ihm behilflich sein, ihn noch einmal so nah wie möglich an die grausamen Ein-Drücke heranzuführen: Was geschah vor und was nach, was während des Unfalls? Gibt es bestimmte Erinnerungen, Gedanken, Empfindungen, Gefühle? Vor allem muß man ihm behilflich sein, ihn auch das scheinbar Unsagbare aus-sagen zu lassen.

Wozu soll das gut sein? Wird nicht gerade dadurch der unglückliche Mensch noch einmal gequält?

Ganz sicher ist die Heranführung an das, was war, sehr hart. Aber, und das zeigt die *Erfahrung*: Sprache schafft Beziehung zu Glück und Elend, ermöglicht Klärung und Ordnung, schafft Selbst-Distanz. Sprache verhindert die Separierung solcher Gedanken und Gefühle, die zu Widerständen auf der Suche nach neuer Sinnerfahrung werden könnten.

Die erste Begegnung mit der neuen Realität

Das Leben des verletzten Menschen hat sich grundlegend verändert. Alles ist anders geworden. Viele neue Eindrücke stürmen auf ihn ein. Wie soll er sie nur verkraften?

Wie wacht er auf? Hat er schon in den Spiegel gesehen? Wie sehen die Begegnungen mit den anderen aus: den Ärzten, Schwestern, Angehörigen, Freunden, Fremden? Sind sie offen, weichen sie aus? Drei Fragen können weiterhelfen:

Die Frage nach dem *Schwersten* ist zugleich die nach dem Leichteren, Ertragbaren. Sie erlaubt eine unterschiedliche Gewichtung der Probleme. Die Problemhierarchie wird deutlicher. Es zeigt sich: Nicht alle Schwierigkeiten haben den gleichen Schweregrad.

Die Frage nach dem *Überraschenden* kann darauf aufmerksam machen, daß die Erfahrung der Ambivalenz von Leben auch noch in den leidvollsten Situationen gelten kann. Das heißt, daß gutes Leben – vielleicht nur für Augenblicke – auch dann noch hervorbrechen kann, wenn wir es am wenigsten erwarten.

Die Frage nach dem *Grundgefühl* kann eine Beziehung zu jenem Gefühl einleiten, das den leidenden Menschen am meisten bestimmt. Alles Schwere aber, zu dem wir eine bewußte Beziehung schaffen, alles Leidvolle, dem wir einen Namen geben, dominiert uns nicht mehr ganz. Es könnte auch sein, daß durch die Bewußtmachung des Grundgefühls vielleicht ein erster, wenn auch noch so schmaler Stollen zu dem verschütteten Sinnbedürfnis geöffnet würde.

Die Wiederbegegnung mit der Vergangenheit

Kein leidender Mensch, der die Geschichtlichkeit seines Daseins ignoriert, gelangt zu einer wesentlichen Veränderung seiner Einstellung zur Gegenwart. Deshalb muß sich auch der Gesichtsverletzte fragen, wie sein *bisheriges* Leben verlief: worin er die Hauptsache sah und was er in der Tat hauptsächlich lebte, worin er Sinn sah und was er in der Tat sinnvoll lebte. Der Rückblick wird ihm darüber Aufschluß geben, welche Sinnmöglichkeiten nach wie vor vor-handen sind, von welchen er wird Abschied nehmen müssen und welche in der Vergangenheit nur erahnten Werte er jetzt endlich leben könnte und sollte.

Der Rückblick nicht nur auf sein Unglück, sondern auch auf sein gesamtes vergangenes Leben würde ihm noch einmal in aller Deutlichkeit seine neuen, ungewollten Grenzen schmerzhaft vor Augen führen. Sie akzeptieren zu lernen hieße jedoch, den Blick von den Begrenzungen weg auf die freien Räume *innerhalb* der Grenzen richten zu lernen.

Und wieder gilt: Den Verlust aus-zusprechen, aus-zutrauern und sich darüber zu empören (empor!), ist meines Erachtens die Voraussetzung dafür, eine Neuorientierung einleiten zu können. Durch ein Verabschiedungsritual könnte dieser Weg unterstützt werden. Denn Rituale überschreiten aufgrund ihres Symbolcharakters den Bereich des Verstandes und greifen tief ins Gefühl ein. Welches Ritual günstig wäre, hängt von der Person und der Situation ab.

Die Bewußtmachung der alten und neuen Freiräume durch wertorientierte Imaginationen

Die verbliebenen Möglichkeiten bewußt zu machen und zur Suche nach neuen freien Räumen zu motivieren, ist der hauptsächliche Teil der Arbeit. Trotzdem gilt, daß der Klage über das Schicksal immer wieder Raum gegeben werden muß, weil der Gesichtsverletzte viel Zeit braucht, um ein Ja zu seinem veränderten Leben finden zu können. Je mehr er sich darin verstanden fühlt, desto eher entwickelt er ein Gefühl für Sinn, und sei es zunächst nur für die Dauer eines Gesprächs mit dem ihm vertraut gewordenen Menschen.

Primär motiviert zur weiteren Suche nach Sinn trotz seines Leidens wird der Klient jedoch dadurch, daß er zu erkennen, zu erfühlen und zu begreifen beginnt, daß er »mehr« ist als sein Leiden: daß er ein Leiden hat, nicht aber sein Leiden ist.

Um diese lebensentscheidende Einsicht fühlbar werden zu lassen, bieten sich mehrere Möglichkeiten an. Der sich hervorragend bewährende Weg ist der der »*wertorientierten Imagination*«[3] (imago = das Bild). Er führt den Klienten in seine eigene innere Welt.

In Imaginationen begegnet ein Mensch seinen inneren Bildern. Diese Bilder sind die »Gesichter« der Gefühle, der seelischen ebenso wie der geistigen. Sie sind anschauliche und gefühlsstarke Symbole, die die *Widerstände* auf dem Weg zur Sinnfindung, besonders aber die *Sinn-Bilder* selbst zum Vorschein bringen. Die inneren Bilder sind Ausdruck der sinnverweigernden und sinnsuchenden Persönlichkeit.

Wertorientierte Imaginationen führen den Menschen letztlich zu seinem unbewußten lebensstarken Geist.

Imaginationen fordern, unmittelbarer als die Traumanalyse, den Klienten nicht nur zur Wahr-Nehmung des Faktischen heraus, sondern auch zur Wahr-Machung des Fakultativen, des real *Möglichen.* Sie interpretieren nicht nur, sie verändern auch.

In wertorientierten Imaginationen zeigen sich auch gefühlsstarke Bilder der *religio*, der Rückbindung des Menschen an den Grund des Seins, den er in sich selbst finden und der ihm auch dann Halt geben kann, wenn die ihm überkommenen Werte keine Geltung mehr für ihn haben oder nicht mehr zu haben scheinen.

Die Bewußtmachung der alten und neuen Freiräume durch sinnorientierte Meditation

Ein anderer Weg, dem an einem unabänderlichen Schicksal leidenden Menschen und also auch dem Gesichtsverletzten freie Räume zu erschließen, ist die »sinnorientierte Meditation«. Sie ist ein meditatives Gespräch über Aspekte der Wirklichkeit, die der Klient bislang vielleicht noch nicht im Blick hatte. Der Leser wird wahrscheinlich nur dann etwas von der Wirkungsgeschichte der folgenden Anregungen erfahren, wenn er den einen oder anderen Aspekt längere Zeit auf sich wirken läßt. Das gleiche gilt im besonderen für den Leidenden selbst. Denn nur wer tief *genug* fühlt, was er denkt und erkennt, wird *erfahren*, welche Kraft zum Leben das Erkannte in sich birgt. Deshalb haben die Gespräche über die Anregungen nach-denklichen Charakter.

Ich erlaube mir, eine längere Reihe von Gedanken vorzustellen, weil die Unterschiedlichkeit der Personen und Situationen unterschiedliche Aspekte verlangt:

✳ Du hast Recht auf Trauer, auf Klage, auch auf Empörung,

wenn dich ein Schicksal, das du nicht wolltest, getroffen hat. Wenn du nicht trauertest, nicht klagtest, dich nicht empörtest – du hättest dein Leben nie geliebt.

✳ Wenn du schon dein Schicksal nicht ändern kannst, so kannst du doch deine Einstellung zu ihm ändern.

✳ Weißt du, daß du die Tiefe deiner Möglichkeit, dich auf Leben *anders* einstellen zu können, erst dann wirklich begreifst, wenn du sie *lebst*?

✳ Die Abwehr der Möglichkeit, sich auf Leben neu einstellen zu können, ist zugleich die Abwehr neuer Lebenserfahrungen.

✳ Du sagst, daß dir »alles« genommen wurde. Wurde dir die *Hauptsache* genommen?

✳ Kann Leben »zu schwer« sein? Wann wäre Leben für dich »zu schwer«?

✳ Ist sinn-volles Leben wunsch-erfülltes Leben? Ist wunsch-erfülltes Leben sinn-volles Leben?

✳ Weißt du, ob du dein Leben liebst? Liebst du es nur, wenn du bekommst, was du dir vorgestellt hast?

✳ Du brauchst, sagst du, bestimmte Bedingungen, um leben zu wollen. Weißt du, welche Bedingungen du bestimmt brauchst? Worauf könntest du schon heute bestimmt verzichten?

✳ Jeder Mensch ist immer »mehr« als sein Leiden.

✳ Der Körper kann erkranken, die Seele auch, der Geist nicht. Hast du je erfahren, daß Geist, das Menschlichste im Menschen, freimachen und immer neue Lebens-Räume öffnen kann?

✳ Ein Mensch kann sich selbst überschreiten, sagen die Philosophen. Ob das, worunter du leidest, dich daran hindern kann? Kann dein Leiden dich daran hindern, »das Weite« zu suchen?

✳ Kann es sein, daß du dein Schicksal leichter ertragen könntest, wenn andere davon nichts wüßten?

✳ Glaubst du, daß keiner dich mehr lieben wird?

Wenn dich jetzt keiner mehr liebt, dann hat dich niemand je geliebt.

Und: Es kann sein, daß irgendwann einmal dir das Lieben wichtiger sein wird als das Geliebtwerden.

* Du kannst dich fragen, ob du dir das Leben nehmen solltest. Aber frag dich auch, ob du es behalten möchtest.

* Der, dessen Leben radikal verändert wurde, hat die Chance, fortan jenseits aller ungeliebten Konventionen das zu tun, was ihm wesentlich und wichtig erscheint.

* Es gibt keine Einstellungsänderung ohne Änderung der eigenen Persönlichkeit. Es gibt keine Änderung der Persönlichkeit ohne leidenschaftliches Fragen nach dem Wofür der Veränderung. Es gibt keine Antwort auf die Frage nach dem Wofür ohne den Glauben an die Sinnhaftigkeit von Leben. Es gibt keinen Glauben an die Sinnhaftigkeit von Leben ohne Suche nach Sinn. Es gibt keine Suche nach Sinn ohne Entscheidung für die Suche.

* Kannst du, der du »in« der Zeit lebst, heute wissen, was du am Ende deiner Zeit für die Entwicklung deiner Persönlichkeit gebraucht haben wirst?

* Kann es Sinn haben, daß du noch lebst?

Die soziale Situation

Die Lebenssituation des Gesichtsverletzten hat sich radikal verändert. Konkrete Lebensfragen bedrängen ihn in aller Regel. Diese Fragen – berufliche, familiäre, soziale, wirtschaftliche u.a. – bedürfen einer möglichst raschen Lösung, denn das Lebensgefühl einer Person hängt nicht unwesentlich auch davon ab, in welchen Strukturen sie existiert. Sicher ist: Je früher sich dem Klienten seine äußeren Probleme lösen, desto bereiter wird er für die Arbeit an seiner persönlichen Problematik sein. Selbstverständlich sollte er so früh wie möglich sein Leben wieder selbst in die Hand nehmen, doch kann auch eine konkret erfahrene Hilfe in der Not ein zusätzliches Motiv für ihn sein, weiterleben zu wollen.

Zwischenbilanz

Zwischenbilanzen sind wichtig. Was ist – beruflich, familiär, sozial, wirtschaftlich etc. – erreicht worden, was noch nicht? Was stagniert, was bahnt sich an? Die Differenzierung der Schwierigkeiten vermindert deren globalen Druck. Wenn Fortschritt erkennbar ist, wird Hoffnung fühlbar.

Zusätzliche Hilfen

✳ Der Gesichtsverletzte hat es schwer genug, neue Einstellungen zum Leben zu finden. Deshalb müssen *alle* Quellen bemüht werden, die ihm bei dieser Aufgabe behilflich sein können. Zu diesen Möglichkeiten gehört, allgemein gesagt, die Stärkung der vitalen Basis, durch die er ein lebendigeres und also positiveres Körpergefühl entwickeln könnte. Denn auch dadurch entwickelt sich mehr Zuneigung zum Leben.
Konkret: Auf welche Sportart, welche Form der Entspannung, welche andere Art körperlicher Betätigung könnte sich der Klient einlassen?

✳ Was mag er sonst noch? Welche Musik, welche andere Kunst, welche Gemeinschaftsform etc. könnte ihm weitere Anstöße geben? Jedes neue Erleben setzt Hoffnungen auf andere, bisher nicht gekannte Sinnwirklichkeiten frei.

✳ Durch Eutonie könnte er lernen, sein Gesicht von innen zu berühren und auf eine ihm bis dahin unbekannte Weise eine Beziehung zu seinem »inneren« Gesicht zu entwickeln.

✳ Autogenes Training könnte ihn nicht nur ganzheitlich entspannen, sondern ihm – mit Hilfe von Vorsatzformeln – auch eine veränderte, positivere Lebenseinstellung zu vermitteln helfen. Als Formeln bieten sich an: »Ich bin mehr als meine Unansehnlichkeit. Ich sage Ja zu meinem Da-Sein, sage Ja zu mir selbst (das Negative nicht verschleiern, das Positive herauslocken).

✳ Überlegungen der Ärzte, weitere gesichtschirurgische Eingriffe vorzunehmen, sollten – nach Absprache mit den Chirurgen – auch Thema unserer Arbeit sein: Was befürchtet der Klient, welche Hoffnung hat er? Warum ist sein Mut so gering? Überschätzt er die Möglichkeit chirurgischer Hilfe etc.?

Die Therapeut-Klient-Beziehung

Wer mit einem Menschen spricht, der durch ein nicht mehr umkehrbares Schicksal in eine tiefe Sinnkrise gestürzt worden ist, wird selber zutiefst von den Fragen nach Grund, Sinn und Ziel menschlichen Lebens berührt sein.

Kennt sich der Therapeut gut genug, um zu wissen, welchen Gefährdungen er selbst ausgesetzt ist?

Ist er angesichts des ihm begegnenden Leidens so offen für seinen Gesprächspartner, daß er auch das Ungesagte erahnt? Ist er selbst jemand, der Hoffnung wagt?

Glaubt er selbst daran, daß menschliches Leben sinnvoll sein kann auch unter Umständen, die kein Mensch will?

Die Gespräche sind dicht. Die Beziehung ist tief, und entsprechend sind die Möglichkeiten, einander zu verletzen oder zu befreien.

Wie sind die beiden füreinander da? Kann der Klient dem Therapeuten vertrauen? Fühlt er sich von ihm angenommen und verstanden? Was stört? Behindert der Therapeut seinen Gesprächspartner in dessen Wunsch nach Offenheit?

Vielleicht ist der eine Therapeut der einzige, der in dem Leidenden das Gefühl entbinden kann, daß er »mehr« ist als sein Leiden und sein gegenwärtiges Scheitern. Die Möglichkeit dazu hat er, doch hat er sie nur in dem Maße, in dem er selbst den »Mut zum Sein« (Tillich) fühlt.

KAPITEL 13

Mut zum Alter

»Ursprünglich«, so erzählt ein bissiges Märchen, »wurden dem Menschen vom Schöpfer 30 Lebensjahre zugestanden. Mit dieser kurzen Spanne war der Mensch aber unzufrieden, und so nahm der Herrgott dem Esel, dem Hund und dem Affen einige Jahre ab und gab sie dem Menschen. Demgemäß hat nun der Mensch die ersten dreißig Jahre seines Lebens zu eigen, die nächsten 18 Jahre muß er sich placken wie ein Esel. Zwischen dem 48. und 60. Lebensjahr liegt er dann – dem Märchen zufolge – in der Ecke, knurrend und zahnlos wie ein alter Hund, und wenn es hochkommt, sind ihm noch weitere 10 Jahre beschieden, in denen er närrisch wird wie ein Affe.«[1]

Dieses Märchen, in dem das Alter als Verfall und Abbau, als negative Lebenszeit bewertet wird, bestimmt noch immer das Bewußtsein weiter Kreise der Bevölkerung. Wie konnte es zu dieser katastrophalen Einschätzung kommen?

Die Verwechselung von Leistungsveränderung und Leistungsabfall

Ein wesentlicher Grund für diese Einschätzung besteht in der Verwechselung von Leistungsveränderung und Leistungsabfall. Wie diese Verwechselung zustande kommen kann, läßt sich – mit Blick auf den *körperlichen* Altersprozeß – eindrucksvoll am Beispiel der Alterssichtigkeit zeigen:

Im Laufe des Lebens schiebt sich der Punkt des schärf-
sten Sehens vom Auge fort. Beträgt für einen Zehnjährigen
die normale Sehdistanz etwa zehn Zentimeter, so beim
Dreißigjährigen dreißig Zentimeter. Im Alter entwickelt
sich daraus die Altersweitsichtigkeit. Die Brille wird notwendig, nicht aber, weil sich die Sicht verschlechtert, sondern weil sie sich *verändert.*

Daß *Veränderung* von Leistung mit *Abfall* von Leistung
unzulässig identifiziert wird, ist auch psychologisch ersichtlich: Häufig ist und fühlt sich der alternde Mensch
durchaus noch leistungsfähig, doch paßt er sich – leider –
den Negativ-Erwartungen seiner Umwelt an. Die Folge ist,
daß sich seine Leistungsfähigkeit vermindert, weil niemand mehr Leistung von ihm erwartet.

Selbst dann, wenn tatsächlich von Leistungsabnahme
gesprochen werden muß, ist sie nicht in jedem Fall
negativ zu bewerten. Verringern sich zum Beispiel die
Möglichkeiten der Sinneswahrnehmungen und Sinnes-
fähigkeiten, werden die Bilder, die der alte Mensch von
der Welt gewinnt, zwar blasser und unvollständiger, zugleich aber transparenter und konzentrierter. Deshalb
entdeckt man an Alterswerken bedeutender Maler zwar
weniger Formbestandteile – das *Wesentliche* aber kommt
eindeutiger und klarer als in früheren Zeiten zum Ausdruck.

Der Eigen-Wert des Alters

Man kann davon ausgehen, daß der Auf- und Abbau, den es in
jedem Lebenslauf gibt, keineswegs geradlinig verteilt ist. Die
Entwicklungen greifen vielmehr vielschichtig ineinander. Leben erneuert und verändert sich auf komplexe Weise. Und jede
neue Stufe stellt einen Fort-Schritt dar. Ob das allerdings auch
für das Alter behauptet werden kann?

Die Offenheit für die neuen Möglichkeiten der dritten
Lebensphase werden für *den* Menschen größer sein, der

bewußt von der voraufgegangenen Lebensstufe Abschied genommen und sich auf die neue Zeit vorbereitet hat, innerlich und äußerlich.

Das, was bei jedem Übergang von einer Lebensstufe zur anderen von größter Wichtigkeit ist, das *Los-Lassen*, wird von alten Menschen in mehreren Bereichen oft gleichzeitig gefordert (Beruf, Familie, Wohnung, Gesundheit etc.). Und das kann schwer sein. Viele aber erleben das Loslassen keineswegs nur als bittere Notwendigkeit. Sie entdecken auch die beglückende Fähigkeit, loslassen zu *können*. Vieles, was sie einmal begehrt haben, stellt sich als unbedeutend dar. Anderes, was unentbehrlich zu sein schien, erweist sich als längst nicht so wichtig. Sie entdecken, daß sie in dem Maße, in dem sie loslassen können, neue Freiheit gewinnen.

Es gibt Fähigkeiten, die man in jeder Lebensphase braucht, die jedoch besonders in der »dritten Phase« gelebt werden können, vor allem diese:

Im Rückblick auf sein bisheriges Leben erschließen sich dem alten Menschen größere Zusammenhänge. Details und Kleinigkeiten treten zurück. Schwierigkeiten der alten Zeit gewinnen die ihnen angemessene Einordnung. Leid erhält den ihm zustehenden Stellenwert. Das Denken wird weit-räumig. Weit-Sicht ist möglich. Gelassenheit nimmt zu.

Jede Zeit hat ihre eigene Art und jede ihren eigenen Wert. Keine Zeit ist mit einer anderen vergleichbar. Darum ist jede Zeit für sich gleich wert-voll, voll von Leben – wenn wir sie annehmen als Zeit für uns zum Leben.

Keine Zeit ist besser als die andere. Keine birgt mehr Glück in sich und keine mehr Unglück, weil nie die Zeit, sondern nur unsere *Einstellung* zu ihr darüber entscheidet, wie wir leben und wie wir sind.

»Es gibt etwas«, sagt Martin Buber, »was man an einem einzigen Ort in der Welt finden kann. Es ist ein großer Schatz, man kann ihn die Erfüllung unseres Daseins nennen. Und der Ort, an dem dieser Schatz zu finden ist, ist der Ort, wo man steht.«[2]

Das, was mir in *dieser* Situation begegnet, was mir heute vom Schicksal zugeteilt ist, was mich heute zum Leben herausfordert, ist die Gelegenheit, mein Dasein zu bereichern – hier an diesem Ort, jetzt in dieser Zeit, hier und jetzt.

Die wichtigste Aufgabe an der Übergangsstelle zum Alter ist diese: die verbliebenen, die veränderten und die neuen Möglichkeiten miteinander sinnvoll zu verbinden und ein freies Ja zur neuen Zeit zu finden.

Die Not des Alters

Die günstige Einschätzung der dritten Lebensphase darf uns nun nicht den Blick für die *Probleme* trüben, denen der alte Mensch in der Tat auch ausgesetzt ist.

Zunehmend wird er mit Krankheit und Tod konfrontiert. Bedrängend und bedrückend rückt daher die Frage nach dem Sinn dieser dunklen Großmächte ins Bewußtsein. Und nicht immer lassen sich früher gewonnene Sinndeutungen von Krankheit aktualisieren. Nicht immer erscheint der Tod als das gute und deshalb gelassen zu erwartende Ende des Lebens.

Die Erinnerungen werden häufig getrübt durch Gedanken an eigenes Versagen. Die unbewältigte Schuld kann angesichts des nahen Todes zur Qual werden. Die Einsicht, viel zuviel ungelebtes Leben zurücklassen zu müssen, kann die Seele verbittern.

Die positiven Möglichkeiten werden auch durch altersbedingte körperliche oder seelische Erkrankungen eingeschränkt. Das dadurch entstehende Gefühl der Angewiesenheit auf andere bedeutet zusätzliche Not. Einsamkeit und das mit ihr verbundene Gefühl, »zu nichts mehr gut zu sein«, sind weitere Probleme, die den alten Menschen resignieren und verzweifeln lassen.

Beispielhaft möchte ich nun einen Problemkreis, der in der beratenden Arbeit mit älteren Menschen eine besondere Rolle spielt, näher beleuchten: den Abbruch des Berufslebens, die Gefährdungen, die er auslösen kann, und die neuen Möglichkeiten, die er mit sich bringt.

Sinnvolles Leben trotz Abbruch des Berufslebens

Die Möglichkeit, »schöpferische Werte« (Frankl) zu verwirklichen, ist in der Regel vor allem im Berufsleben gegeben. *Welche* Bedeutung jedoch der Beruf als Möglichkeit von Sinnerfahrung hat, geht vielen erst auf, wenn sie sich von ihm verabschieden müssen. Dann klagen sie zum Beispiel über Initiativlosigkeit, Apathie, Depressivität, Gereiztheit, vor allem aber über Mangel an Sinn. Sie fühlen sich wertlos, weil sie keine Werte mehr schaffen. Sie fühlen sich nutzlos, weil sie – ihrer Meinung nach – für die Öffentlichkeit nicht mehr von Nutzen sind. Ihre beruflich ungefüllte Zeit erleben sie als innere Unausgefülltheit, als »existentielles Vakuum« (Frankl). Sie sind in ihrem Motivationsbereich gestört. Sie fühlen keine Beweg-Gründe zum Leben mehr. Solche Gefühle aber können im Lauf der Zeit krankmachen, seelisch und körperlich.
Was ist zu tun?

1. Sich in aller Klarheit einzugestehen, daß das Berufsleben unwiderruflich vorbei ist, ist der erste wichtige Schritt. Da ist niemand mehr, der im Geschäft, in der Behörde, am Arbeitsplatz auf die alte Kollegin oder den alten Mitarbeiter wartet. Er wird nicht mehr gebraucht. Es ist gut, eine Weile den inneren Schmerz darüber zuzulassen. Denn solange er sich nicht zeigen darf, gibt er keine Ruhe.

2. Eine Rückschau auf das Berufsleben, auf das Gute ebenso wie auf das Problematische, erleichtert den Einstieg in die neue Lebensphase.
Wer auf der Schwelle zur neuen Zeit die alten Bilder noch

einmal auf sich wirken läßt, nimmt sie zur Kenntnis und verdrängt sie nicht. Und wer sie nicht verdrängt, drängt sie auch nicht in den neuen Lebensabschnitt hinein. Wer noch einmal die alten Bilder anschaut und über-blickt, dem ordnen sich die Ein-Drücke der vergangenen Zeit und erscheinen in einem gewissen Zusammenhang. Alles aber, was in uns zusammenkommt, überwindet unser Gespaltensein und führt zum Einssein mit uns selbst. Wer sich von seinem Berufsleben bewußt verabschiedet, wird frei für seinen neuen Lebensabschnitt.

3. Wichtig ist dieses Thema: Der Wert eines Menschen hängt nur partiell von dem ab, was er tut. Der Beruf ist zwar ein wichtiges, keinesfalls aber das einzige Lebensgebiet, auf dem Wert- und Sinnerfahrung möglich ist. Wer den Beruf zum Leit-Wert macht, macht ihn zur Hauptsache in seinem Leben. Zweifellos gibt es Menschen, die aus innerer Überzeugung eine solche Entscheidung getroffen haben. Für die meisten jedoch gilt das nicht. Viele, die ihren Beruf zur alleinigen Hauptsache ihres Daseins machen, fliehen vor der Realisierung anderer Werte, zum Beispiel vor der Liebe, der Freiheit oder der Weiterentwicklung der eigenen Persönlichkeit.

Jeder Mensch hat seine ganz *persönliche* Lebensaufgabe, weil jeder eine unverwechselbare Persönlichkeit ist. Der alte Mensch muß sich fragen, ob er diese Aufgabe in seinem Beruf verwirklichen konnte. Es könnte ja sein, daß sie noch immer darauf wartet, verwirklicht zu werden. Darüber wäre lange nachzudenken.

Jeder Mensch hat darüber hinaus auch zu *verschiedenen* Zeiten ganz persönliche Aufgaben, und es tut gut, sie zu kennen. Während ich diese Zeilen schreibe, denke ich an eine alte Dame, die mich vor vielen Jahren aufsuchte. Sie kam aus einem psychiatrischen Krankenhaus, in dem sie wegen einer schweren Depression behandelt worden war. Eingesetzt hatten die Störungen wenige Wochen nach dem Auszug aus einem großen Haus, in dem sie gemeinsam mit ihrem Mann für viele Menschen wichtig gewesen war. Nach der Pensionierung hatten sich die beiden eine kleine Wohnung in einer anderen Stadt gesucht. Nachdem sie sie eingerichtet hatten, setzte die Depression ein. Nach einigen Gesprächen konnten wir uns verabschieden. Was half ihr?

Vor allem ein Gedanke. Ich sagte ihr, in der Zeit ihres langen Arbeitslebens habe sie bewiesen, daß sie *anderen* hervorragend habe helfen können. Vielleicht bestände ihre persönliche Lebensaufgabe *jetzt* darin, auch *ohne* diese respektable Tätigkeit dem Dasein gute Seiten abgewinnen zu können. Die kommende Aufgabe sei jedoch zweifellos schwieriger zu bewältigen als die vergangene.

Sie verstand, was ich ihr sagen wollte. Ihr Zustand veränderte sich rasch. Als ich ihr später, nach dem Tod ihres Mannes, wiederbegegnete, ging es ihr trotz des Schmerzes relativ gut.

4. Das Ausscheiden aus dem Beruf kann Möglichkeiten eröffnen, die bislang nicht gelebt wurden. Die eine wäre, die Erfahrungen eines langen Berufslebens anderen zukommen zu lassen, Institutionen zum Beispiel oder Vereinen. (Glücklicherweise spricht sich allmählich herum, daß diese Erfahrungen gar nicht hoch genug eingeschätzt werden können.)

Wichtiger aber erscheint mir die Beschäftigung mit der Frage nach dem *ungelebten Leben.* Seitdem ich dieses Wort zum ersten Mal gehört habe – Viktor von Weizsäcker hat es geprägt –, läßt es mich nicht mehr los. Es beunruhigt mich. Es läßt mich hoffen. Es macht mich melancholisch. Es fordert meine gute Sehnsucht heraus. Vor allem aber macht es mich wach und fordert mich dazu heraus, konkret nach meinem »ungelebten Leben« zu fragen. Diese Frage wünsche ich jedem, der sich von seinem Berufsleben verabschieden mußte.

Und die Antwort? Wie findet man sie?

Der wird sie finden, der sich genügend Zeit nimmt, nach den alten verharschten *Wünschen* zu suchen. Und wer sie gefunden hat, wird den einen oder anderen Wunsch sogar leben können – sofern er die Ideen, die ihm kommen, nicht gleich utopisch nennt.

Auch unsere nimmermüden Träume spielen uns, oft über viele Jahre, die Bilder unseres ungelebten Lebens zu – in der Hoffnung, daß wir endlich begreifen möchten, wonach die Seele in Wirklichkeit verlangt.

5. Zum Schluß erlaube ich mir, von mir selbst abzuschreiben und eine Passage aus meiner kleinen Schrift »Sich auf das Alter freuen«[3] wiederzugeben. Ich verstehe diese Sätze nicht als lyrisches Beiwerk, sondern als notwendige Hinweise, die in vielen primär tätigkeitsorientierten Schriften über das Alter zu kurz kommen:

Sich aufs Alter freuen, wie soll das gehen?

Stell dir vor, du mußt nicht mehr beweisen, was du hast und was du kannst. Das wissen nun die anderen. Stell dir doch vor, du hast ihn nicht mehr: den Druck durch Leistung – er ist vorbei; die Jagd nach Anerkennung – sie ist vorbei; die Angst vor dem Urteil der anderen – sie ist vorbei; die Mühen der Arbeit – sie sind vorbei.

Stell dir doch vor, es gibt sie nicht mehr: die Gespräche über den Beruf und all die anderen Pflichten, mit dir selbst und den anderen, am Abend und am Morgen. Stell dir doch vor, du brauchst sie nicht mehr, sie sind vorbei, weil du ent-pflichtet und ent-bunden bist von dem, was dir so wichtig sein mußte.

Stell dir vor, Zeit hast du für dich. Du brauchst sie dir nicht mehr zu nehmen – sie ist da, liegt offen vor dir, wartet auf dich.

Zeit hast du für dich, für das Leben, das du willst. Entscheiden kannst du – ohne Hast –, womit du deinen Tag füllen willst.

Du kannst Dinge tun, für die du seit deiner Jugend keine Zeit mehr fandest – spielerische, unvernünftige, nutzlose, ernsthafte, vernünftige, sinnvolle – und kannst dabei bleiben, solange du willst.

Stell dir vor, du hast Zeit für dich, für dich hast du Zeit – und damit Leben, Leben für dich.

Frag dich nun selbst, woran du dabei denkst, und wofür dein Herz sich erwärmt. Doch staune darüber, wenn gar nichts da ist, worauf du dich freust.

Teilst du die Meinung, daß kaum einer so sympathisch ist wie der, der zu-hören kann, der hin-hört auf das, was einer ihm sagt, der sich ein-hört in das, was ihm noch fremd ist, der nicht gleich kommt mit Einwänden und Vorschlägen, der da ist und seine inneren Arme öffnet?

Wer einem anderen zu-hört und ihm Zeit läßt, gibt ihm Raum, schenkt ihm Heimat, läßt ihn sein.

Nicht nur an Probleme denke ich, auch an das Spannende, Erfreuliche und Schöne, das jemand mit-teilen möchte. Und der, der zu-hört und sich mit-teilt und ganz bei dem anderen ist, ist trotzdem – oder gerade deshalb – ganz bei sich, ist mit sich eins, ist ganz im Leben.

Stell dir vor, du bist alt und hörst zu. Einsam sein wirst du dann nicht.

KAPITEL 14

Vom inneren Halt

Die verlorene Dimension

Paul Tillich, einer der großen Religionsphilosophen dieses
Jahrhunderts, schrieb vor etwa 35 Jahren Sätze, die meiner
Auffassung nach bis heute nichts von ihrer Aktualität verloren
haben, im Gegenteil: Es sieht so aus, als wären sie aktueller
denn je. Tillich schrieb: »Das entscheidende Element in der
gegenwärtigen Situation des westlichen Menschen ist der Verlust der Dimension der Tiefe.« Was er mit diesem Wort meinte,
formulierte er so: »Es bedeutet, daß der Mensch die Antwort
auf die Frage nach dem Sinn des Lebens verloren hat, die Frage
danach, woher er kommt, wohin er geht, was er tun und was
er aus sich machen soll in der kurzen Spanne zwischen Geburt
und Tod.« Er fährt fort: »Diese Fragen finden keine Antwort
mehr, ja, sie werden nicht einmal mehr gestellt, wenn die
Dimension der Tiefe verlorengegangen ist. Und genau das hat
sich in unserer Zeit ereignet.«[1]

Für Tillich ist die Dimension der Tiefe die »religiöse
Dimension«, denn »religiös sein bedeutet, leidenschaftlich
nach dem Sinn unseres Lebens zu fragen und für Antworten offen zu sein, auch wenn sie uns tief erschüttern«.

Diese Auffassung von Religion, die von der traditionellen
erheblich abweicht, macht Religiosität »zu etwas universal
Menschlichem«, zu einem Phänomen also, das zu *jedem*
Menschen gehört und daher von jedem gelebt werden muß,
wenn er denn ganzheitlich leben will.

Für Tillich ist Religion »nicht der Glaube an die Existenz
von Göttern, auch nicht an die Existenz eines Gottes. Sie

besteht nicht in Handlungen und Einrichtungen, in denen sich die Verbindung des Menschen mit seinem Gott darstellt . . . Religion (ist) in ihrem wahren Wesen mehr als Religion in diesem Sinne: Sie ist das Sein des Menschen, sofern es ihm um den Sinn seines Lebens und des Daseins überhaupt geht.«[2]

Was sind die *Folgen* des Verlustes der religiösen Dimension?

Ich vermute, diese: Die Welt, in der wir leben, ist vielen Menschen keine Heimat mehr. Sie fühlen sich in ihr fremd. Sie fühlen sich in ihr nicht mehr verwurzelt. Sie fühlen keinen Halt mehr im Leben. Und das macht Angst. Das macht auch orientierungslos. Je orientierungsloser und ängstlicher aber ein Mensch wird, desto weniger Möglichkeiten findet er, über sich selbst hinauszufragen nach dem Sinn und Zusammenhang des eigenen Lebens und des Lebens überhaupt.

Wie kam diese Entwicklung zustande?

Nicht mehr zählbar sind die Bücher, die auf diese Frage Antworten zu geben versuchen. Ich schließe mich Viktor E. Frankl an, dem großen alten Mann der Psychotherapie, der sich wie kein anderer Seelenarzt dieses Jahrhunderts der Sinnproblematik gestellt hat. Auch er sieht, wenn auch von einem anderen Standort aus, den Menschen als ein im Grunde religiöses Wesen. Seine Antwort auf unsere Frage lautet: *Letztlich* ist die Entwicklung zum Verlust der religiösen Dimension und damit zum tiefgreifenden Sinnmangel im reduktionistischen Menschenbild begründet. Reduktionismus ist ein von Wissenschaften »gelehrter Nihilismus«, der sich im öffentlichen Leben als »gelebter Nihilismus« ausgebreitet hat. Die Biologie, die Psychologie und die Gesellschaftswissenschaften, so Frankl, haben den Menschen verkürzt dargestellt. Verkürzt haben sie ihn um die Dimension des *Geistes* und also um das, was den Menschen zum Menschen macht: das Freie und das Verantwortliche, das Wert- und das Sinngefühl, das Schöpferische, das Intuitive, das Religiöse.[3]

Wird aber der Geist im Menschen verkannt, dann wird auch die Komplexität der inneren Welt verkannt. Denn, so Frankl gegen Freud: Das Unbewußte ist nicht nur triebhaft, sondern auch geistig. Der *unbewußte* Geist aber »ist die Quell- und Wurzelschicht« des unbewußten Geistes und damit *das* Menschliche im Menschen.[4]

Daß die Religiosität alles andere als eine anthropologische Nebensache, daß sie vielmehr für jeden Menschen eine Hauptsache ist – ob er sie wahrhaben will oder nicht –, darauf hat auch und vor allem C. G. Jung ein langes Forscherleben lang hingewiesen: »Ich habe die Tatsachen vorgelegt, welche beweisen, daß die Seele ›naturaliter religiosa‹ ist . . .« Und trotzig, trotzig vor allem gegen eine Vielzahl chronisch ihn mißverstehender Theologen, fügt er hinzu: »Nicht ich – Gott selbst hat die Seele vergottet.«[5]

Für Jung kennt das Unbewußte keine Grenze. Sie ist offen zur Transzendenz. Es gibt, sagt J. Linnewedel im Zusammenhang seiner Darstellung Jungs, »eine ›offene Zone‹, über die göttliches Licht, göttliche Kraft, göttlicher Frieden in den Menschen einströmen oder in ihm aufströmen können, sein Bewußtsein zu erfüllen vermögen – so machtvoll und total, daß der Mensch sich als ›in Gott‹ empfindet: hineingenommen in Gott, aufgenommen in Gott, geborgen und ruhend in Gott wie ein Tropfen im Meer.«[6]

Daß Jung die Seele als »naturaliter religiosa« verstand, war das Ereignis seiner konkreten Arbeit an zahllosen Traumbildern, die seine Patienten ihm schilderten. Diese Bilder zeigten ihm eindrucksvoll, welche Bedeutung die *ungelebte* Religiosität für das gesamte *Lebensgefühl* eines Menschen haben kann. »Großstädterneurose des Atheismus« nannte er deshalb die seelische Problematik vieler Patienten, die ihn zu dem denk-würdigen Satz veranlaßten: »Unter allen meinen Patienten jenseits 35, ist nicht ein einziger, dessen endgültiges Problem nicht das der religiösen Einstellung wäre und keiner ist wirklich geheilt, der seine religiöse Einstellung nicht wieder erreicht.«[7]

E. Fromm stimmte Jung grundsätzlich zu und sagte, der Psychoanalytiker könne den Erweis dafür erbringen, daß das Bedürfnis nach einem Orientierungssystem und einem Gegenstand der Hingebung zum Menschen gehöre. Beim Studium der Neurosen entdecke er, daß er ein religiöses Problem vor sich habe.[8]

Für C. G. Jung und E. Fromm gilt: »Selbstwerdung« als Ziel der Persönlichkeitsentwicklung gelingt nur dann, wenn ein Mensch auch und vor allem seine religio, seine Rückverbindung zum Göttlichen, existentiell erfahren hat. Denn *sie* ist die Basis, der innere Halt menschlichen Lebens. Jung: »Er (der Mensch) . . . muß erfahren, was ihn trägt, wenn *er* sich nicht mehr tragen kann. Einzig diese Erfahrung gibt ihm eine unzerstörbare Grundlage.«[9] Lebt er dagegen *nicht* den »höchsten Wert«, das Göttliche in ihm, dann besetzen andere, weniger wertvolle Werte dessen Stelle. Dann wird seine Seele verzerrt, dann reagiert sie unter Umständen neurotisch. Und Fromm ergänzt: Wenn es einem Menschen nicht geglückt sei, seine Energien in Richtung auf ein »höheres« Selbst zu entfalten, dann lenke er sie auf niedrigere Ziele . . . »Es ist wahr«, fährt er fort: »Der Mensch lebt nicht nur vom Brot allein.‹ Er hat einzig die Wahl zwischen besseren und schlechteren, höheren oder niedrigeren, aufbauenden oder zerstörenden Formen der Religion oder der Weltanschauung.« Sein Fazit: »Wem es nicht gelungen ist, zur Reife und Ganzheit zu gelangen« – und dazu gehört vorrangig das religiöse Gefühl –, »der verfällt einer Neurose irgendwelcher Art.«[10]

Damit wir uns nur nicht mißverstehen: Die Religion, von der Tillich, Jung, Frankl und Fromm sprechen, ist nicht identisch mit einer primär dogmatisch orientierten Religion. Sie sprechen, wenn auch in unterschiedlicher Weise, primär von religiösen Erfahrungen, wie die eigene Seele, deren Mitte der Geist ist, sie dem Menschen zeigt.

Von einem Weg zum inneren Halt

Ich habe viele Jahre die Literatur über das unbewußt Göttliche mit Interesse gelesen. Packen konnte sie mich nicht, denn ich war noch immer stark von einem primär dogmatisch orientierten Glauben geprägt. Wie die genannten Autoren, so zweifelte auch ich nicht daran, daß ein Mensch nichts mehr braucht als ein starkes Gefühl, von etwas oder jemandem getragen zu sein, das *größer* ist als sein eigenes Herz. Wie vielen meiner Klienten wünschte ich, *diese* Erfahrung mit Leben machen zu können! Doch obwohl ich von Haus aus Theologe bin, hielt ich mich, da ich therapeutisch-beratend arbeite, mit jedweder Missionsarbeit zurück. *Wenn* mich aber ein Klient auf meine eigene Gottesbeziehung ansprach, machte ich häufig die Erfahrung, daß in dieser Zeit das Wort *über* Gott das Herz nur selten bewegt.

Vor einigen Jahren begann ich mit der von mir so genannten »wertorientierten Imagination« (ich habe sie im Abschnitt »Von der Überwindung der existentiellen Frustration« näher dargestellt). Ich entdeckte den gefühlvollen Reichtum der inneren Bilder. Wie meine Klienten, so fragte auch ich mich zunächst, ob die inneren Bilder mit ihrer bewegenden Kraft nicht nur Ein-Bildungen seien. Diesen Zweifel habe ich längst überwunden. Je »tiefer« sich ein Mensch in die innere Welt einlebt, desto klarer wird ihm, daß die Bilder nicht Ein-, sondern *Aus-Bildungen* von Geist und Seele sind.

Im Laufe der Zeit entdeckten wir, daß sich immer wieder Bilder zeigten, die die Imaginierenden zum Teil selbst als religiöse Symbole empfanden und auch so benannten. Dabei hatten sie sie gar nicht gesucht. Das machte nicht nur mich nachdenklich.

Nachdenklich machte uns auch, daß auch solche Klienten, die ihren eigenen Aussagen nach kaum oder gar keine Beziehung zur Kirche, Theologie und Religion hatten, ebenso häufig religiösen Symbolen begegneten wie jene mit religiöser Tradition. Auch diese Klienten begegneten

Steintischen und sprachen von Altären. Auch sie sahen in fremd erscheinende gütige Gesichter und sprachen von Gott. Auch sie trafen lichte Gestalten auf ihren Wegen und nannten sie Engel. Immer wieder kam es vor, daß imaginative Begegnungen solcher Art den scheinbar unreligiösen Menschen peinlich waren und diese nicht selten aggressiv darauf reagierten. Wichen sie jedoch den Bildern nicht aus, erlebten auch sie Gefühle, wie wir sie nur von Menschen kennen, die von tiefen Gotteserfahrungen berichten. Sie fühlten sich von dem, was sie erlebten, überwältigt, ganz und gar ausgefüllt, tief geborgen, vom »Leben« geliebt, ganz. Sie sprachen von *neuen* und nie gekannten Gefühlen. So manches Mal sagten sie, daß sie nichts anderes mehr bräuchten als *diese* Gefühle.

Wann immer ich – in ganz anderen Zusammenhängen – Menschen fragte, wonach sie sich am meisten sehnten, gaben sie mir sinngemäß die gleichen Antworten wie jene, die in ihren Imaginationen dem »unbewußten Gott« (Frankl) begegneten. Und daraus ziehe ich einen Schluß: Das, was einen Menschen am tiefsten berührt, was ihm den tiefsten Halt gibt, was ihn am meisten aus-füllt, was ihm die stärkste Lebens-Erfahrung verschafft, erlebt er in der »Dimension der Tiefe«, in seiner inneren Welt, am »Grund des Seins« (Tillich) – erlebt er, wenn er in seinem unbewußten Geist seine ureigene Beziehung zum Göttlichen fühlt.

Wir begegneten vielen Symbolen aus der christlich-abendländischen Tradition: der Christus-Gestalt, der Maria oder einer christlichen Kathedrale. Wir begegneten ebenso häufig allgemein-religiösen Symbolen, wie etwa dem Licht, der Wolke oder uralten Tempeln. Doch die Ein-Drücke, die die Symbole auslösten, waren bei den allgemein-religiösen nicht weniger stark als bei den spezifischen unseres Kulturkreises.

Zunächst begegneten wir religiösen Symbolen »zufällig«. Dann wagte ich den Versuch, sie bewußt zu suchen. Ich wählte Ziele wie zum Beispiel das »innere Licht«, das »Ur-Vertrauen«, den »unbewußten Geist«, die »innere Heimat«, den »Grund, der immer trägt«, den »Ort der Gnade«, den »Ort der inneren Musik.« Die Ergebnisse waren überraschend: Fast alle Imaginierenden erreichten ihr Ziel.

Ich möchte Ihnen nun einige dieser Imagionationen vorstellen, die teils in Gruppen-, teils in Einzelsitzungen gemacht wurden.

Ich habe eine gewisse Scheu, das zu tun, obwohl mir die Teilnehmer die Einwilligung dazu gegeben haben. Denn das, was sie erlebt haben, ist ein höchst persönliches Erleben, das sich nicht angemessen beschreiben läßt. Es ist eben ein qualitativer Unterschied, ob man von der Empore des Bewußtseins *auf* die innere Welt sieht oder sich *in* ihr bewegt. Hinzu kommt, daß die bis zu einer Stunde dauernden »inneren Wanderungen« nicht in vierzig Zeilen wiedergegeben werden können.

Mir liegt noch an der Bemerkung, daß alle Imaginierenden, die ich jetzt vorstelle, »mitten im Leben« stehen. Und keiner von ihnen konnte sich vor Beginn der »Wanderungen« auch nur annähernd vorstellen, was ihn in seiner inneren Welt erwartete.

Bei der Darstellung der Imaginationen verzichte ich weithin auf meine Beiträge im Gespräch mit den Imaginierenden. Ich verzichte auch auf ausführliche Interpretationen, um zunächst die Texte selbst sprechen zu lassen. Eine Vertiefung des mir vorliegenden »Materials« wird zu einem späteren Zeitpunkt folgen.

1. Imaginierende mit bewußter Religiosität:

✳ Mit einer etwa 50jährigen Frau hatte ich eine Imagination zum »Ort der Klarheit« verabredet:

Auf einer lang sich nach unten ziehenden Treppe wandert sie in die Tiefe und findet sich auf schwarzem Sandboden vor. Sie hat den Wunsch, noch tiefer zu kommen. Sie gräbt den Boden auf. Ein Sog entsteht. Sie überläßt sich ihm willig und findet sich auf dem Meeresboden wieder.

In ihrer Nähe sieht sie einen roten Fisch und einen Delphin. Da sie nicht weiß, wohin sie sich wenden soll, fragt sie ihn nach dem »Ort der Klarheit«. Der Delphin gibt ihr ein Zeichen, sie solle sich an dem roten Fisch orientieren. Der schwimmt fort. Die Frau folgt ihm.

Nach einiger Zeit steht sie vor einem Gebäude mit sieben Türen (7: heilige Zahl, Symbol für Ganzheit und Fülle, siehe auch: 7 Farben, 7 Töne). Die Frau erkennt, daß hinter jeder Tür etwas Bestimmtes auf sie wartet: Auf der ersten zum Beispiel steht das Wort »Zerstreuung«, auf der zweiten »Ablenkung«, auf der sechsten »Ziellosigkeit« – Möglichkeiten, die sie jedoch nicht will.

Deutlich fühlt sie, daß *ihr* Weg nur durch die siebente Tür führt. Sie öffnet sie und wird sogleich von einer riesigen goldenen Lichtquelle empfangen (Licht ist ein Symbol für das Göttliche, Immaterielle, das Gute, ist eines der religiösen Ursymbole der Menschheit). Sie ist völlig geblendet. Sie bleibt stehen. Ihre Sinne sind einen Augenblick wie betäubt. Als sie wieder »zu sich kommt«, wird sie von einem »überwältigenden Gefühl« durchflutet. Nach einer Weile sagt sie: »Endlich bin ich zu Hause. Hier will ich bleiben.«

Sie schweigt lange.

Nach einiger Zeit wird sie von einer »Wolke aus Licht« (Wolke: »Wolken sind dem Himmel zugehörig; sie verhüllen die Wohnstätte der Gottheit«[11]) aufgenommen und schwebt mit ihr davon. Die »Wolke« zeigt ihr die Welt – die Welt in ihrer Schönheit und ihrer Ordnung (Klarheit).

Abschiedsschmerz kommt auf. Sie möchte diesen Ort nicht verlassen. Noch einmal läßt sie sich vom Licht durchfluten. Dann hört sie eine Stimme aus der Wolke: »Ich bin in dir und du in mir.«

Noch lange nach der Imagination weint die Frau – vor Glück.

* Eine nicht mehr ganz junge Frau, die durch einen ungewöhnlich hohen Verlust ihr nahestehender Menschen sich
nur schwer von ihrer Vergangenheit lösen konnte und
deshalb Mühe hatte, ihren eigenen Weg zu finden, begleitete ich zum »Ort der Versöhnung«:

Nach einer längeren Wanderung in die Tiefe steht sie vor
einem tiefliegenden Gelände. Nachdenklich betrachtet sie
es und »weiß«, daß darin ihre vergrabenen Wünsche liegen.
Deutlich fühlt sie, daß sie keinen Zugang mehr zu diesem
Gelände und ihren alten Wünschen finden wird. Traurig
betrachtet sie den Ort.
Plötzlich wird sie von Rosenduft umgeben. Den Duft strömt
ein Rosenstock aus, der ganz in ihrer Nähe steht. Viele
andere Rosen wachsen nach und überwachsen den ganzen
Raum der vergrabenen Wünsche.
Während sie staunend diese Veränderung erlebt, nähert
sich ihr ein Festzug. Die Teilnehmer fordern sie fröhlich auf,
mitzukommen. Sie schließt sich ihnen an. Der Zug endet in
einem seltsam schönen Festsaal.
In der Mitte des Saales hängt ein großes goldenes Kreuz,
das von oben eingelassen ist. Alle Festzugteilnehmer beginnen zu tanzen. Die Frau tanzt mit. Sie tanzen um das
goldene Kreuz herum den »großen Reigen des Lebens«.
Und während sie sich um das Kreuz herum wiegen, strömt
dieses zarte Wasserperlen aus, die alle einen einzigen Namen tragen: Liebe.
Tief bewegt und heiter verabschiedet sich die Imaginierende von dem inneren Fest, das ihr Leben zu verändern
begann.

* Ein Mann mittlerer Jahre wandert zum »Ort des unbewußten Geistes«:

Er steigt in ein Fischerboot und fährt aufs offene Meer
hinaus. Er steigt aus. Er sieht einen Riesenwal, der eine
gewaltige Fontäne ausstößt, auf der er in die Luft geworfen

und wieder aufgefangen wird. Eine ganze Weile geht dieses Spiel, das der Mann lustvoll erlebt.

Danach sieht er – mitten im Meer (dem Symbol für die menschliche Seele) – einen riesigen Bergkristall, dessen Mitte mit Brillanten besetzt ist. Die Mitte öffnet sich, und er findet sich in einem mit Sternen übersäten grenzenlosen Raum vor. In der Tiefe erblickt er einen herrlichen blauen Stern: die Erdkugel. Mit einem beglückenden Gefühl schwebt er über sie hinweg.

Da sieht er am »Horizont« die Sonne (auch sie eines der ältesten und großen religiösen Symbole). Sie kommt ihm entgegen. Bald ist er ihr so nahe, daß er in sie hineingehen kann.

In der Mitte der Sonne bleibt er stehen. Der Ort – er kann ihn kaum beschreiben – wirkt so »feierlich« auf ihn, daß er sich tief verbeugt. Er spürt ganz deutlich, daß dieser Ort voller Seelen ist. Sein Blick fällt auf den Sonnenchor, der ein überwältigendes »Herr, unser Herrscher« anstimmt. Von dem Gesang erbebt das ganze Weltall.

Nachdem das Lied verklungen ist, schaut er in die Ferne und sieht eine riesige weiße Gestalt mit weit geöffneten Armen, die ihn mit einer nie erlebten Güte anlächelt.

Der Imaginierende ist zutiefst erschüttert, bewegt, beglückt.

Nach der Imagination braucht er längere Zeit, um sich in der »Realität« wieder zurechtzufinden. Mehrere Male sagt er: »Das war unglaublich.« Noch Stunden danach ist ihm, als habe er mitten in den Himmel hineingesehen.

* Ein jüngerer Mann, der wenig Halt im Leben fühlte, wanderte in der Imagination zum »Ort des tiefsten Haltes«:

Sein Weg führt ihn zunächst auf einem Schlammweg durch mehrere dunkle Gewölbe. Irgendwann scheint helles Licht auf. Er folgt dem Licht und steht vor einem Holzkreuz. Er »weiß«, daß er diesem Kreuz nicht ausweichen darf. Er hat jedoch Angst, es zu berühren. Er fürchtet die Kraft, die von ihm ausgeht (das Kreuz ist in diesem Zusammenhang ein Symbol für die Ganzheit). Nach einigem Zögern nähert er sich ihm. Indem er sich ihm nähert, breitet es sich aus und wird zu einer Pyramide.

Er geht in die Pyramide hinein und begibt sich auf den Weg nach oben. Als er die Hälfte erreicht hat, sagt er: »Das hier ist ein Wechsel in eine *andere* Welt.«

Oben angekommen, findet er sich in einem uralten Tempel vor. Leise sagt er: »Hierhin gehöre ich. Hier ist das Mysterium des Lebens.«

In der Mitte erkennt er einen großen Kreis und »weiß«, daß sich darin ein ungeheures Kraftfeld befindet. Noch wagt er nicht, es zu betreten.

Auch diese Imagination löste eine starke innere Bewegung aus. Das stärkste Gefühl war das der Hoffnung darauf, bald »die innere Heimat« finden zu können.

2. Imaginierende mit unbewußter Religiosität

* Ein Mann blickte auf sein Leben zurück und erkannte, daß er sein Glück auf dem Unglück anderer aufgebaut hatte. Er fühlte sich schuldig, wußte jedoch nicht, wie er mit seiner Schuld »fertig werden« sollte. Zur Religion hatte er, wie er meinte, keinen Zugang.

Auf seiner inneren Wanderung zum »Ort der Vergebung« begegnete ihm Maria.

Zunächst war ihm diese Begegnung peinlich. Dann betrachtete er die »Gottesmutter« interessiert. Sie war so groß, daß er sich ihr gegenüber klein fühlte. Dieses Gefühl schwand jedoch zunehmend, da ihre Schönheit, vor allem aber ihre Güte ihn magisch anzogen.

Unverwandt sah er in ihre Augen, in Augen, wie er sie nie zuvor gesehen hatte. Voll Vertrauen ging er auf sie zu. In dem Maße, in dem er auf sie zuging, wurde sie klein und glich sich seiner Größe an.

Sein Herz wurde warm, weit – und sehr leicht. Es schien ihm, als würde er von neuem geboren.

✳ Ein älterer Mann, ein strenger Rationalist, wanderte mit mir zum »Ort der Lebensbejahung«:

Nach längerer Wanderung in die Tiefe gelangte er in einen dunklen Raum. Als sich seine Augen an die Dunkelheit gewöhnt hatten, sah er, daß die Fensterscheiben schwarz bemalt waren. Er öffnete sie und erkannte, daß er sich in einer Kapelle befand. Der Raum erhellte sich. Nur der Altar lag noch im Dunkeln.

Als er sich ihm näherte, fiel sein Blick auf einen Hostienschrein. Er öffnete ihn und entdeckte – ein riesiges Portemonnaie. (Sogleich fiel ihm eine seit Jahrzehnten vergessene Begebenheit ein: Mit anderen Meßdienerjungen war er von einem Pfarrer ins Kino eingeladen worden. Tief erschüttert hatte der Junge gesehen, daß der Pfarrer – mit einer »witzigen« Bemerkung – einem Opferstock das Kinogeld entnommen hatte.)

Der Imaginierende verabschiedete sich vom Altar, der inzwischen in helles Licht getaucht war, und begab sich auf die Empore. Plötzlich stand sein Vater neben ihm. Beide lauschten dem Klang der Orgel. Dann sangen sie miteinander voll Inbrunst den Choral: »Großer Gott, wir loben Dich.«

Es fiel dem Mann schwer, diese Szene zu beschreiben, denn er weinte. Er weinte, weil er tief bewegt war.

Nach der Imagination begann er zu begreifen, daß er ein offenbar auch für ihn zentrales Lebensthema »vergessen« hatte, wahrscheinlich verursacht durch die große Ent-Täuschung von damals.

✳ Eine Frau, die lange Zeit gefürchtet hatte, sich mit sich

selbst religiös auseinandersetzen zu müssen, wanderte zu ihrem »Unentdeckten Raum«:

Sie sieht in ein Gewölbe, aus dem zunächst Nebel aufsteigt. Als sich der Nebel verzogen hat, erkennt sie, daß der Raum keinen Boden zu haben scheint. Mit einem Seil läßt sie sich in die Tiefe hinab.

Unten angekommen, wirkt der Raum auf sie wie ein hoher gotischer Dom. Er wird von blauem Licht durchströmt (Blau als Farbe des Himmels ist ein Symbol für die Unendlichkeit und damit für das Göttliche). Während sie den Raum betrachtet, wird sie selbst groß und paßt sich der Größe des Domes an.

Da fällt ihr Blick auf ein antikes Buch, das auf einem Tisch liegt. Sie schlägt es auf, findet jedoch nur leere Seiten vor.

Sie schaut auf die Rückseite und liest das Wort »Jahwe« (alttestamentliche Bezeichnung für Gott). Sie drückt das Buch an sich und spürt eine unendliche Wohltat. Immer wieder spricht sie das Wort »Jahwe« aus.

Der Dom wird von goldenem Licht durchstrahlt. Nach langem Schweigen sagt sie: »*Dieses* Buch will ich vollschreiben, von Anfang bis zum Ende.«

Mit diesem Vorhaben hat sie begonnen.

✳︎ Ein Mann mittlerer Jahre, der alles Kirchliche und Religiöse abgelehnt hatte, wanderte mit mir zum Ort: »Ich darf sein«.

Seine Wanderung führte ihn ganz tief in die innere Welt. Schließlich gelangte er in eine Höhle mit vielen Toren und Rundbögen. Eins der Tore war zugemauert. Rasch wurde ihm klar, daß er dieses Tor zu öffnen hatte.

Er betrat einen schwarzen Raum. Nachdem er ihn mit Wasser gesäubert hatte, erkannte er, daß er sich in einer Kapelle befand.

Sein Blick fiel auf einen Altar, der von einem goldenen Gitter umgeben war. Behutsam öffnete er es.

Eine goldene Gestalt erschien. Scham-voll und verärgert

»gestand« er: »Das ist Jesus«. Ohne es zu wollen, kniete er vor ihm nieder. Jesus streckte seine Hand in das Taufbecken und schlug ein Kreuz über dem Knieenden. Noch ein wenig ärgerlich, zugleich seltsam berührt, sagte der Mann: »Jetzt hat mich der Kerl auch noch getauft.« Dann schwieg er, und ich spürte, daß er Ungewöhnliches erlebte.

Zum Schluß schenkte ihm »die Gestalt« ein Amulett. Eine Seite zeigte ein Bild seiner Eltern (die ihm den Einstieg ins Leben wahrlich nicht leichtgemacht hatten). Auf der Seite, die aus purem Gold gefertigt war, fand er das Wort: »Schalom« (Frieden).

Mit gar nicht trockenen Augen, aber lächelnd, bekannte er nach dieser Imagination spöttisch: »Wer hätte das gedacht? Ich hab ein neues Idol.«

Die Folgezeit zeigte, was sein »Idol« in ihm zu bewirken begann.

Schlußbemerkungen:

Ich habe mit den hier vorgetragenen Gedanken nicht den Versuch machen wollen, die dogmatisch orientierten Religionen zu entwerten. Ich habe nur wiedergegeben, was die innere Welt vom Göttlichen »weiß«. Ich habe nur Tatsachen beschrieben.

Mir liegt an der schon einmal erwähnten Feststellung, daß wir in den wertorientierten Imaginationen das Göttliche nicht gesucht haben. Es hat sich uns *von selbst* gezeigt. Und es zeigte sich in einer solchen Gefühlsdichte, wie sie stärker kaum erlebt werden kann.

Daraus ziehe ich für Theologie und Kirche den Schluß, daß sie den Mut zum Neubeginn finden sollten, sich diesen natürlich-religiösen Grund-Lagen (wieder) zuzuwenden. Sie werden dann die Erfahrung machen, daß ihre spezifisch christlichen Inhalte zu neuer Lebendigkeit gelangen werden. (Theologen, die diese Imaginationen *erfahren* haben, werden meine Behauptung gern bestätigen.)

Auch die Psychotherapie – ich bitte um Nachsicht wegen der Verallgemeinerung – sollte die anthropologisch unbegründete Abstinenz dem Religiösen gegenüber aufgeben.

Sie *wird* es tun, wenn sie begreift, daß Religiosität ein spezifisch menschliches, wenn nicht *das* menschlichste Phänomen überhaupt ist. Wenn sie jedoch weiterhin »die religiöse Funktion« (Jung) ausklammert, klammert sie das Beste aus, was sie den leidenden Menschen finden lassen könnte: das Gefühl, vom »Leben« getragen zu sein und *darum* das Dasein sinn-voll finden zu können. Keine Sorge: Es geht nicht darum, die bisherige Psychotherapie in Theorie und Praxis religiös zu infiltrieren – es geht darum, sie an ihren Anspruch zu erinnern, *alle* seelischen Tatsachen zur Kenntnis nehmen zu wollen und daraus konkrete Schlüsse zu ziehen – um der not-wendigen therapeutischen Er-Gänzung willen.

Als Anhang möchte ich Ihnen eine Imagination vorstellen, die mich persönlich in besonderer Weise berührt hat, weil sie die »Dimension der Tiefe« auf eine selten eindrucksvolle Weise zeigt. Die Aufzeichnung wurde mir von einem imaginationserfahrenen Mann zur Verfügung gestellt. Ziel der inneren Wanderung war der »Ort der tiefen Geborgenheit«:

»In der Tiefe angekommen, wurde mir klar, daß meine Reise mich durch die Jahrhunderte führen würde. Ich sah Abschnitte von jeweils hundert Jahren vor mir.

Im 20. Jahrhundert sah ich, wie der zweite Weltkrieg tobte. Grausame Schlachten wurden geschlagen. Ich sah das Bild von Paul Weber, auf dem Millionen von Menschen hinter den Fahnen in einen bereitliegenden Sarg marschierten.

Ich kam ins 19. Jahrhundert. Auch da Krieg. Im 18. Jahrhundert: versteckte Konflikte. Im 17. Jahrhundert sah ich den dreißigjährigen Krieg. Ganz Deutschland zerstört. Marodisierende Banden, schreiende Frauen und Kinder. Entsetzliche Metzeleien. Ich schloß die (inneren) Augen vor so viel Grauen. 16. Jahrhundert: Krieg auch zu Luthers Zeiten. Im 14. Jahrhundert sah ich Millionen von Frauen, die als Hexen verbrannt wurden. Ich sah sie auf den Scheiterhaufen und hörte ihr Schreien. Im 13. Jahrhundert: Ich freute mich auf Friedrich II. Er sprach mit Juden und Arabern in Palermo arabisch. Die Wissenschaften blühten. Im Hintergrund aber vernahm ich das Scharren von Pferden, auf denen gut gerüstete Reiter saßen. Konflikte auch hier. Im 4. Jahrhundert: Das Christentum wurde Staatsreligion, aber auch das brachte keinen Frieden. Ich sah Jesus auf dem Berg der Seligpreisungen. Ich wollte mich ihm anschließen. Da sah ich die Römer auftauchen. Auch hier konnte ich nicht bleiben.

Mein Weg ging weiter in die Tiefe.

Ich sah Plato und Sokrates, doch Frieden fand ich auch bei ihnen nicht. Irgendwann hörte ich auf, die Jahrhunderte zu zählen.

Mutterseelenallein stand ich in einer archaischen Welt. Ich sah nur Berge und Wasser, keinen Menschen, auch kein Tier. Ich trat in den Abdruck eines Sauriers, sah aber auch ihn nicht. Kein Laut eines lebenden Wesens war vernehmbar. Urlandschaft.

Plötzlich wurde ich in den Weltenraum gezogen. Eine Macht zog mich. Sie zog mich zu einem fremden Planeten. Weiter führte mich mein Weg durch Eiswüsten und Eisstürme. Schließlich gelangte ich in eine beleuchtete Höhle, in der ein Künstler am Werk war. Aus Eis, Sand und Nebel formte er Gebilde.

Plötzlich befand ich mich – wie durch einen Zauber – in seiner Hand. Ich hörte seine Stimme. Er war beglückt darüber, daß ich endlich angekommen war. Ich sah nur die große Hand, die übrige Gestalt sah ich nicht. Ich spürte nur etwas Großes und Mächtiges.

Der Künstler formte und gestaltete weiter. Immer mehr Landschaften begannen zu grünen. Dann nahm er aus der Erde einen Kloß, holte sein Herz hervor und preßte einen

Tropfen seines Herzblutes in den Kloß hinein. Ein Mensch entstand. Ich war tief berührt. Ich ›dachte‹: Wenn der Mensch stirbt, kommt dieser Tropfen zu seinem Schöpfer zurück und findet wieder seinen Platz in seinem Herzen.

Ich schaute von oben auf die Erde hinab. Kain und Abel stritten sich. Kain tötete seinen Bruder. Auch viele andere schlugen aufeinander ein. Wieder hörte ich das Geschrei von verletzten und sterbenden Menschen. Da bemerkte ich, daß das, was geschah, den Künstler schmerzte. Wieder hörte ich seine Stimme. Sinngemäß sagte er, er habe den Menschen alle Möglichkeiten zu einem besseren Leben gegeben, sie aber hätten nicht gewollt. Er habe ihnen Freiheit gegeben, darum greife er nicht ein. Weil so wenige das Gute suchten, sei die Welt so, wie sie sei.

Dann konnte ich erleben, wie er mich schuf. Noch einmal nahm er einen Kloß, formte mich und drückte mir das Blut seines Herzens ein. Danach küßte er mich wie närrisch und drückte mich so fest an sich, daß ich auch nach der Imagination noch seinen Abdruck spürte.

Ich verließ das Paradies. Ich wurde nicht vertrieben, sondern in die Welt geführt. Ein großer Engel mit einem flammenden Schwert ging hinter mir her und beschützte mich auf meinen Wegen.«

KAPITEL 15

Miteinander sprechen können

Gedankenanstöße für hilfreiche Gespräche

Ob und wieweit ein Mensch sinnvoll lebt, hängt vor allem davon ab, wie er mit anderen Menschen umgeht. Die *Qualität* des Umgangs wird vor allem davon bestimmt, wie er mit ihnen spricht. Deshalb kann ein verändertes Gesprächsverhalten zu veränderten Beziehungen und also auch zu veränderter Sinnerfahrung führen.

Sprache und Wort

Was ist Sprache?
Sprache ist Aus-Druck von Seele und Geist. Sprache ist Ausdruck unserer Beziehung zu uns selbst und anderem Leben. Sie ist Ausdruck unserer eigenen menschlichen Wirklichkeit und schafft neue menschliche Wirklichkeiten.
Welche *Macht* Sprache hat, zeigen Redewendungen zur Sprache und zum Wort, dem einzelnen Element der Sprache:

Worte können wirken.
Worte können einen anderen Menschen
anstacheln, aufrütteln, aufregen, ärgern, verletzen, trennen, (ins Herz) treffen, umhauen, packen.
Worte können einen anderen
um-stimmen, trösten, überzeugen, erfreuen, ergreifen, aufrichten, erlösen, beglücken, heilen.
Worte können berauschen, langweilen, bewegen, verführerisch sein, klären, beruhigen.

Worte können einen anderen in Wut bringen, Balsam für seine Seele sein, auf ihn wie ein reinigendes Gewitter wirken, ihn wie ein Keulenschlag treffen.

»Ich gebe dir mein Wort«, sagt der eine zum anderen und verpflichtet sich damit zu einem bestimmten *Verhalten.*

»Ich verlasse mich auf dein Wort«, sagt ein anderer zum nächsten und richtet einen Teil seines *Lebens* darauf ein.

»Bei dem, was du sagst, wird mir heiß und kalt«, äußert jemand und bringt damit zum Ausdruck, wie tief er durch das Gesagte betroffen ist.

»Ich wünsche, du hättest das nie gesagt«, klagt einer den anderen an und gibt damit zu verstehen, welche Wut, welches Entsetzen oder welche Erschütterung der andere in ihm ausgelöst hat.

»Sag das noch einmal!« empört sich jemand und erklärt damit, in welcher Gefühlsaufwallung er sich befindet.

»Was du sagst, macht mich krank«, beklagt sich einer und sagt damit zugleich, daß Worte auch den Körper verändern können. (Das gleiche gilt selbstverständlich auch für beglückende Worte.)

»Das sagst du mir?!« schreit oder staunt ein Mensch und teilt dem anderen mit, wie tief bewegt er ist.

»Mit diesem Wort hast du den Nagel auf den Kopf getroffen«, atmet einer auf und fühlt sich von der Welt verstanden.

»Das stimmt!« entfährt es jemandem, und er fühlt sich erleichtert, weil er nun Klarheit hat.

»Ich bin verstimmt, weil du das gesagt hast«, bekennt ein anderer und deutet damit an, daß sein gegenwärtiges Lebensgefühl in Unordnung geraten ist.

»Dein Wort wurde meine Speise«, singt der Psalmist bei seinem Rückblick auf tiefe Not.

»Im Anfang war das *Wort*«, schreibt Johannes im Prolog seines Evangeliums.

Was ein Gespräch sinnvoll macht

Jedes gute Gespräch ist mehr als ein intersubjektiver Dialog, mehr also als ein verbaler Austausch zwischen Menschen, die äußern, was sie denken und fühlen. Jedes gute Gespräch lebt *auch* von der Ausrichtung auf das, was die Beteiligten in ihrem Denken und Fühlen fördern und weiterbringen könnte. Es lebt auch von *neuen* Gedanken und *neuen* Gefühlen. Es lebt vom Logos (Sinn und Geist). Deshalb »läuft«, so Viktor Frankl, »ein Dialog ohne Logos auf einen ›Monolog à deux‹ (Monolog zu zweit) hinaus.«[1]

Warum ist das so? Weil in einem »Dialog ohne Logos« die Gesprächspartner nur *sich* zum Ausdruck bringen, nicht aber über sich selbst hinaus nach *neuen*, vom *Leben* sich anbietenden Sinn- und Wertmöglichkeiten fragen. Gerade das aber macht ein hilf-reiches Gespräch aus. Das spezifisch Menschliche liegt eben darin, so Frankl weiter, daß »der Mensch eigentlich oder zumindest ursprünglich über sich selbst nach etwas langt, das nicht wieder er selbst ist, entweder nach einem Sinn, den es zu erfüllen gilt, oder nach einem anderen menschlichen Sein, dem zu begegnen oder das zu lieben es gilt«[2]. Das bedeutet: Erst das Gespräch, in dem die Beteiligten sich *offenhalten* für bislang fremde Wert- und Sinnerfahrungen, weitet sich zu einem befreienden Dialog aus.

Gedankenanstöße zur Gesprächspraxis

Die folgenden Hinweise sind aus der therapeutisch-beratenden Arbeit entstanden. Ich gehe jedoch davon aus, daß jedes gute Gespräch von Mensch zu Mensch von denselben Hilfen lebt wie das zwischen Therapeut und Klient, es sei denn, das »professionelle« Gespräch wäre künstlicher Art. Nun also die Gedankenanstöße:

1. Wie höre ich meinem Gesprächspartner zu?

* Möchte ich hören, was der andere sagt?
* Möchte ich ihn *verstehen*?
* Möchte ich etwas *Neues* von dem anderen erfahren?
* Höre ich in dem Bewußtsein zu, daß der andere ein *anderer* Mensch ist und also von einem *anderen* Standort aus spricht?
* Höre ich, welcher Typus aus dem anderen spricht?

    Ist er jemand, der zum Perfektionismus neigt?

    Liegt ihm vor allem daran, helfen zu wollen?

    Geht ihm Erfolg über alles?

    Will er ein Besonderer sein?

    Braucht er mehr als andere Distanz?

    Ist er ein Gemeinschaftsmensch?

    Liebt er vor allem die heiteren Seiten des Lebens?

    Ist er eine Führungspersönlichkeit?

    Ist er der Typus eines vermittelnden Menschen?

    Die Typologie des Enneagramms, an die ich in diesem Zusammenhang denke, ist für hilfreiche Gespräche von außerordentlichem Wert.[3]
* Höre ich, was er *persönlich* sagt?
* Höre ich zu, weil ich meine, selbst nichts zu sagen zu haben?
* Höre ich zu, weil ich aus Unsicherheit (oder . . .) nicht zu sprechen wage?
* Worauf sehe ich – äußerlich und innerlich –, wenn ich zuhöre?

    Sehe ich den anderen an? Schenke ich ihm mein An-Sehen – fühlt er sich »angesehen«?

    Sehe ich durch ihn hindurch? Sehe ich von ihm »ab«?

    Sehe ich vor allem auf das Positive oder auf das Negative, auf das Vergangene oder auf das Gegenwärtige, auf das, was er ist, oder das, was er sein könnte?
* Von welchem Ort in mir (körperlich) höre ich dem anderen zu?

    Vom Kopf aus, vom Bauch, vom Herzen?
* Wie sitze ich, wenn ich zuhöre? Entspricht meine Haltung dem, was der andere sagt?
* Bin ich auch bei mir, wenn ich dem anderen zuhöre?

2. Wie spreche ich mit meinem Gesprächspartner?

* Möchte ich so sprechen, daß der andere mich auch versteht?
* Meine ich mit dem, was ich sage, den anderen?
* Welches Gefühl dominiert mein Sprechen:
  Unsicherheit, Eitelkeit, Überlegenheit etc.,
  Mitgefühl, Respekt, Wärme etc.?
* Geht es mir mehr um die Form oder mehr um den Inhalt?
* *Suche* ich nach dem angemessenen Ausdruck dessen, was ich sagen will?
* *Habe* ich überhaupt etwas zu sagen?
  Lasse ich meine Gedanken kommen?
  Warte ich auch einmal darauf, daß mir ein Wort einfällt?
* Kann ich schweigen?
* Lasse ich den anderen ausreichend zu Wort kommen?
  Unterbreche ich ihn zu oft?
* Sagt mein Kopf, was mein Herz fühlt?
* Fühlt mein Kopf, was mein Herz sagt?
* Halte ich mich (!) zu stark zurück?
  Dränge ich mich dem anderen zu stark auf?
* Suche ich für meine Sprache nach Bildern?
* Bin ich zu oft bei meinem »Lieblingsthema«?
* Welche Themen fürchte ich?
* Bemerke ich meine Über- und Untertreibungen?
* Bemerke ich auch meine Floskeln?
* Will ich in diesem Gespräch etwas erreichen?
  Was will ich erreichen?

3. Wie frage ich meinen Gesprächspartner?

»Fragen lernen heißt, über das hinaus zu fragen, was die Leute für selbstverständlich halten und womit sie sich abgefunden haben . . . Fragen ist schwerer als Antworten. Die meisten lernen es nie . . . Antworten umstellen ihr Leben, aber nicht Antworten auf eigene Fragen, sondern Scheinantworten, die

—— 177 ——

den eigenen Fragen zuvorkommen, damit sie ja nicht gefragt werden.«[4]

* Frage ich, um den anderen verstehen zu wollen?
* Frage ich, um ihm Gelegenheit zu geben, sich selbst besser verstehen zu können?
* Wage ich die Fragen zu stellen, die für ihn zwar unangenehm, aber hilfreich sein könnten?
* Frage ich, um selbst nicht unmittelbar antworten zu müssen?
* Frage ich, um dem anderen meine Überlegenheit zu zeigen oder ihn in die Enge zu treiben?
* Frage ich, weil ich ihm mein Interesse an seiner Person zeigen möchte?
* Frage ich aus Neugier?
* Frage ich, weil ich in der Tat eine Frage habe?

4. Die besondere Gesprächsfalle: Die Projektion

Eine der größten und häufigsten Schwierigkeiten des Gesprächs besteht darin, daß ein Mensch seine ihm selbst nicht bewußten Bedürfnisse, Interessen, Wünsche, Empfindungen, Gefühle, Erwartungen und Ängste von sich weg und auf einen anderen schiebt – daß er »projiziert«. Dann sieht und deutet er die ihn umgebende Realität durch seine »eigene Brille«. Ein Mensch projiziert immer dann, wenn er bestimmte *Reize* aus seiner Umwelt aufnimmt und darauf mit einem höchst subjektiven, ichbezogenen Verhalten reagiert.

Die Projektion ist ein unbewußtes Abwehrverhalten, mit dessen »Hilfe« ein Mensch bestimmte Motive, Gefühle und Einstellungen, die er nicht wahrhaben will, leugnet und sie in die Außenwelt verlegt. Projektionen sind Spiegelungen dessen, was ein Mensch in sich selbst nicht wahrhaben will.

Das aber, was jemand in sich selbst nicht wahrhaben will und daher auf den anderen projiziert, ist selbstverständlich das, was er auch an dem *anderen* ablehnt. Es bedarf nicht besonderer Phantasie, sich vorzustellen, welche Folgen dieses unselige Verschiebespiel für ein Gespräch haben kann.

Ein Beispiel? Sagt jemand, ein anderer hasse ihn, so kann es gut sein, daß er den anderen haßt (sich jedoch seinen eigenen Haß nicht eingestehen mag).

Ein anderes Beispiel, als Witz garniert: Frau Müller wird gefragt, warum sie ihrem Untermieter gekündigt habe. »Ja, wissen Sie«, empört sich die Vermieterin, »ich bin ja nicht mißtrauisch. Aber – wenn jemand von innen sein Schlüsselloch zuklebt, dann kann man so jemandem nicht trauen.« (In diesem Fall wurde das Gespräch zwischen Unter- und Vermieter nicht gestört – es kam, wie es häufig bei Projektionen geschieht, erst gar nicht zustande.)

Was kann man tun, um andere und sich vor Projektionen zu schützen und also *im* Gespräch bleiben zu können?

In aller Kürze und allgemein: Je mehr wir unseren eigenen (unbewußten) Schatten kennenlernen und dazu zu stehen beginnen, desto weniger spüren wir den Drang, anderen das vorzuwerfen, was allein unsere Sache ist.

Im besonderen: Es gibt erprobte Fragen, mit deren Hilfe wir bereits einen gar nicht geringen Teil unserer inneren Dunkelkammer erhellen können, zum Beispiel diese:

✳ Was gestehe ich mir *ungern* ein?
   Worüber möchte ich mit niemandem reden, nicht einmal mit mir selbst?
✳ Ist das, was mich an anderen aufregt, das, was mich an mein eigenes (unbewußtes) ungeordnetes Leben erinnert?

5. Hören, sprechen, den Logos suchen

Ich höre auf das Wort des anderen.
Ich höre *ihm* zu.
Ich höre *hin* auf das, was er sagt.
Ich nehme sein Wort auf.
Ich lasse sein Wort auf mich wirken.
Ich höre es so, als hörte ich es zum ersten Mal.

Ich nehme sein Wort an.
Was meint der andere mit diesem Satz, diesem Wort?
Welche Lebens-Geschichte bestimmt wohl diese Worte?
Was will er mit ihnen sagen?
Was will er mir nicht sagen?
Sagt er, was er denkt und fühlt?
Drückt er sich *selbst* in diesen Worten aus?

Ich gehe dem nach, was die Worte in *mir* auslösen.
Ob das, was ich aus ihnen heraushöre, das ist, was auch *er* denkt und fühlt?

Ist das, was *wir* denken und fühlen, das,
was stimmt und wahr ist?
Denken, fühlen, ahnen wir *weit* genug?

Ich halte ihm das Wort noch einmal hin: »Das also meinst du?«
Er wird zustimmen oder ablehnen.
Fühlt er sich nicht verstanden, spricht er den Satz noch klarer und unmittelbarer, spricht er sich *selbst* noch einmal tiefer aus.
Fühlt er sich verstanden, können wir weiterreden.

So verfolgen wir das Wort, die Worte bis hin zu jenem »Ort«, an dem sie geboren werden, und verstehen mehr und mehr, was Seele und Geist sagen wollen.
Wir folgen den Worten, bis uns auf-geht, daß alles zusammenklingt: der Gedanke, das Gefühl und das Wort.

Das »dichte« Gespräch

Die Form des Gesprächs, deren Inhalte ich soeben in fünf Punkten angedeutet habe, kann »dichtes Gespräch« genannt werden – dicht deshalb, weil der eine dem anderen immer wieder hinhält, was er gesagt hat, und ihm behilflich ist, seine

Meinungen, Vermutungen und Antworten immer wieder produktiv in Frage zu stellen.

Die Leitlinie des Gesprächs wird durch die Frage bestimmt: Ist das, was ich sage, das, was ich denke und fühle?

Diese Gesprächsform verlangt *Aufmerksamkeit*. Geht es in einem Gespräch jedoch um Wichtiges – was wollte ich sonst von mir erwarten?

Diese Gesprächsform verlangt auch *Einübung*. Doch der, der begonnen hat, in dieser Weise mit anderen zu reden, wird erfahren, daß das »dichte Gespräch« kein künstliches ist und erstaunlichen Gewinn bringt. Es kann von jedem erlernt werden.

Wie sehr wünschte ich, daß möglichst viele Partner – besonders jene, die miteinander Schwierigkeiten haben – diesen Anregungen folgten.

Das folgende beispielhafte Gespräch ist ein *Ausschnitt* aus einer Sitzung, die ich mit einem 38jährigen lebensmüden Mann führte (Kl. = Klient, Th. = Therapeut).

Kl.: Ich sage Ihnen doch: Das Leben lohnt sich nicht mehr. Ich weiß nicht einmal mehr, warum ich morgens aufstehe.

Th.: *Was* finden Sie in Ihrem Leben sinnlos?

Kl.: Alles! Schlicht und einfach alles.

Th.: Alles? Es gibt *nichts* mehr, was Ihnen ein gutes Gefühl verschafft?

Kl.: Manchmal esse ich gern. Hin und wieder treffe ich einen netten Menschen. Natürlich erlebe ich dann und wann etwas, was mir guttut. Nur, was ist das schon aufs Ganze gesehen? Ich sehe keinen Zusammenhang mehr in meinen Tagen, schon gar nicht mehr in meinem Leben.
Schweigen

Th.: Sie *haben* einmal einen Zusammenhang gesehen?

Kl.: Ja, zu Beginn meines Studiums. Alles war neu. Das Studium machte Spaß. Unsere Clique war in Ordnung. Ich war sogar gefragt.

—— 181 ——

Th.: Daß Sie gefragt waren, scheint für Sie in jener Zeit das Wichtigste gewesen zu sein.

Kl.: Ja.

Th.: Wie war das für Sie, gefragt zu sein?

Kl.: Ich hatte das Gefühl, daß es den anderen nicht gleichgültig war, ob sie mich sahen oder nicht.

Th.: Mögen Sie sich an diese Zeit erinnern?

Kl.: *Nickt zögerlich.*

Ich bitte ihn, die Augen zu schließen, sage ihm, daß auch ich die Augen schließen werde. Ich bitte ihn, sich aus der Erinnerung eine Begegnung kommen zu lassen. Ich gebe ihm Hilfen, zum Beispiel diese: Wie sieht der Raum aus? Fällt Ihnen ein bestimmter Freund besonders auf? Wo sitzen Sie? Schaut jemand Sie an? Der Klient erzählt, nähert sich seinem früheren Erleben, dem erlebten Sinn-Bild. Er ist bewegt, lacht auf, wird lebendig. Dann weint er lange. Wir schweigen miteinander.

Kl.: Ja, da war einmal ein Zusammenhang. Da gab es Sinn. (*Dann, bissig:*) Das war einmal!

Th.: Da war Leben so, wie Sie es sich wünschten . . . Sie fühlten sich angenommen, hatten Ideen, suchten nach Ideen . . .

Kl.: Da war Leben gut . . .

Schweigen

Th.: Und heute: Ist heute *Leben* nicht mehr gut?

Kl.: Das Leben vielleicht schon. Aber ich, *ich* finde dazu keinen Zugang mehr. Sehen Sie, . . . (Er berichtet von seinen Niederlagen, Enttäuschungen, Schwächen und Gegnern.)

Th.: Wenn Sie jetzt, in dieser *gegenwärtigen* Situation, tief in sich hineinhören: Ist das, was Sie hier und jetzt in sich fühlen – sinnlos?
Lassen Sie sich Zeit zum Nach-Fühlen.
Schweigen

Kl.: Wut fühle ich, richtige Wut.

Th.: Hat die Wut einen Namen?

Kl.: Ich Idiot! Was alles habe ich in den letzten Jahren getan, was ich nicht wollte (berichtet Einzelheiten).

Th.: Was alles hätte ich in den letzten Jahren anders machen wollen! Wollen Sie *das* sagen?

Kl.: Ja, sicher.

Th.: Nur wollen?

Kl.: Auch können. Ja, ja, ich hätte vieles auch anders machen können (berichtet Einzelheiten).

Th.: Sie hätten vieles anders machen wollen. Sie hätten auch vieles anders machen können. Sie haben vieles nicht in *Ihrem* Sinn getan.
Schweigen

Kl.: Und jetzt? Was soll ich jetzt tun?

Th.: Sie fragen *mich*?
Schweigen

Kl.: Glauben Sie, daß noch mal alles anders werden kann?

Th.: Sie fragen mich schon wieder.
Schweigen

Th.: Wenn Sie jetzt noch einmal tief in sich hinein-fühlen . . . Fühlen Sie auch jetzt nur Wut?
Schweigen

Kl.: Nein, auch ein wenig Hoffnung.

Th.: Ist neben oder unter der Hoffnung noch ein anderes Gefühl?
Schweigen

Kl.: Da ist auch so etwas wie Trotz . . .

Th.: Wogegen richtet er sich?

Kl.: Gegen die eigene irr-sinnige Dummheit . . .

KAPITEL 16

Mut zum Neubeginn –
Gedankenanstöße

Eine Anleitung zu sinnorientierter Selbsterfahrung

Die folgenden Gedankenanstöße geben Ihnen, lieber Leser, die Möglichkeit, sich selbst und dem Leben näherzukommen. Die Anregungen werden Ihnen allerdings nur dann Gewinn bringen, wenn Sie sich auf sie *einlassen*. Sich auf sie einlassen heißt, bei und in ihnen zu verweilen, sich von ihnen ansprechen und sie auf sich wirken zu lassen. Doch keine Selbsterfahrung ist von Belang, wenn man sich nicht dazu entschließt, aus Einsicht *Leben* werden zu lassen. Selbsterfahrung als Selbstzweck gleicht einem Studium von Noten, dem kein Konzert folgt.

Sie können die Anstöße für sich allein bearbeiten (ohne Alleinsein gibt es ohnehin kein ernsthaftes inneres Weiterkommen). Sie können selbstverständlich auch mit anderen gemeinsam an dem Text arbeiten (ohne gutmeinende Hinweise anderer gibt es auch kein ernsthaftes inneres Weiterkommen).

Die Anregungen lassen sich beliebig erweitern. Wer jedoch die für ihn zentralen Punkte aufnimmt und vertieft, wird die Erfahrung machen, daß vieles andere sich ihm von selbst erschließt. Nun also:

∗   Wer bin ich?

Ich bin ein Mensch, der . . .
Typisch an mir ist . . .

Etwas, was ich wirklich gut kann, ist . . .
Etwas, was mir zu schaffen macht, ist . . .
Ich habe von mir die Ahnung . . .
Lebendig fühle ich mich, wenn . . .
Zu wichtig nehme ich . . .
Zu wenig wichtig nehme ich . . .
Ich suche das Gute im Leben, weil . . .
Ich bin zufrieden, wenn . . .
Meine Freunde sagen von mir . . .
Meine Feinde sagen von mir . . .
Leben heißt für mich . . .
Ich will leben, weil . . .
Mein ganzes Leben lang wollte ich . . .
Ich sage ja, jein, nein zum Leben . . .
Was ich unbedingt zum Leben brauche, ist . . .

✳ Ein-Flüsse aus der Vergangenheit

Da ist ein alter Groll/Schmerz, den ich endlich loswerden
möchte . . .
Da ist eine alte Traurigkeit, die immer wieder meine Seele
verdunkelt . . .
Das Schönste/Wichtigste in meinem vergangenen Leben
war . . .
Ich zehre noch heute davon . . .
Der größte Fehler in meinem Leben war . . .
Die beste Entscheidung in meinem Leben war . . .
Viele gute Dinge meines früheren Lebens habe ich
»vergessen« . . .
Zu einigen dunklen Punkten meines früheren Lebens habe
ich nie Stellung genommen . . .
Ich hätte den Augenblick festhalten mögen, in dem . . .
Was ich wirklich nicht zu verantworten habe . . .
Was ich wirklich zu verantworten habe . . .
Ich bin dankbar für . . .

✳ Womit ich mir heute das Leben selbst schwermache . . .

Fehler, die ich schon heute vermeiden könnte, sind . . .
Ich mache mir etwas vor, wenn ich . . .
Ich weiche noch immer aus vor . . .
Unklar bin ich, wenn ich . . .
Negative Gedanken, die ich ständig zulasse, sind . . .
Endlich loslassen sollte ich den Gedanken an . . .
Leit-Sätze, die mir zu Leid-Sätzen geworden sind . . .
Was ich mir ungern eingestehe, ist . . .
So richtig erschüttert über mich bin ich, wenn ich . . .
Mein Grundproblem ist . . .

✳ Ob ich mich wirklich verändern will?

Ich entschließe mich immer dann, mich zu verändern,
wenn ich . . .
Ich will nichts von Veränderung hören, wenn ich . . .
Das Schwierige daran, erwachsen zu werden, ist für mich . . .
Das Schöne daran, erwachsen zu werden, ist für mich . . .
Ich warte noch immer darauf, daß . . .
Ich trotze noch immer gegen . . .
Ich könnte so weiterleben, weil . . .
Selbstmitleid kommt dann auf, wenn . . .
Manchmal habe ich den Eindruck, daß ich . . .

✳ Wünsche

Wenn ich drei Wünsche frei hätte, würde ich . . .
Meine verborgenen, aber nicht vergessenen Wünsche
sind . . .
Mein größter Wunschtraum ist noch immer . . .
Von einigen unerfüllbaren Wünschen müßte ich endlich
Abschied nehmen . . .
Eigentlich sollte ich mal wieder . . .
Wenn ich keine Angst mehr vor der Meinung anderer
Menschen hätte, würde ich . . .
Wenn ich nur noch ein Jahr zu leben hätte, würde
ich . . .

∗ Mut und Hoffnung

Mut macht mir, wenn . . .
Hoffnung macht mir, wenn . . .
In früheren Zeiten hatte ich Mut, wenn . . .
In früheren Zeiten hatte ich Hoffnung, wenn . . .
Ich atme tief auf, wenn . . .
Mein Herz wird ganz weit, wenn . . .
Kraft fühle ich, wenn . . .
Wegen ihres/seines Mutes bewundere ich . . .

∗ Ängste überwinden

Einige meiner Ängste könnte ich – mit ein wenig Courage –
schon bald überwinden . . .
Manche Fesseln bräuchte ich nicht zu dulden . . .
Aus meinem Schneckenhaus trau' ich mich heraus, wenn . . .
Die größte Angst habe ich vor . . .
Peinlich ist mir die Angst vor . . .
Wenn ich mich frei fühlte, würde ich . . .
Wichtiger als die Angst ist mir . . .

∗ Verläßlichkeit

Ich kann mich bei mir selbst darauf verlassen, daß ich . . .
Ich traue mir zu . . .
Mich selbst vergessen kann ich, wenn . . .
»Groß in Form« komme ich, wenn ich . . .
Ich stehe wie ein Fels in der Brandung, wenn . . .
Was ich mit Händen und Füßen verteidige, ist . . .

∗ Selbstvertrauen

Anerkannt fühle ich mich, wenn . . .
Ganz elend fühle ich mich, wenn . . .
Daß auch ich ein wertvoller Mensch bin, geht mir auf,
wenn . . .

Bestimmte Menschen machen mir besonders angst . . .
Bei bestimmten Menschen fühle ich mich ganz sicher . . .
Im Grunde könnte ich schon selbstbewußt sein, weil ich . . .
Es gibt leider Dinge, die nicht sein müßten und deretwegen ich
mich wenig selbstbewußt fühle . . .
Ich ahne, daß ich etwas zu sagen habe, wenn ich . . .
Ich frage zu wenig nach mir *selbst*, weil ich . . .

* Verantwortung

Konkrete Verantwortung übernehme ich bei . . .
Die Welt, in der ich lebe, geht mich etwas an/geht mich gar
nichts an, weil . . .
Wenn ich verantwortlich zu entscheiden habe, merke ich . . .
Verantwortung will ich, weil . . .
Eine Aufgabe, die mich herausfordern würde, wäre . . .
Da gibt es schon etwas, was auf mich wartet . . .

* Partnerschaft

Ich mag an meinem Partner . . .
Ich mag an meinem Partner nicht . . .
Darin bin ich ein guter Partner . . .
Darin bin ich kein guter Partner . . .
Das Wichtigste, das ich meinem Partner geben kann . . .
Mein schlimmster Fehler besteht darin, daß ich . . .
Was ich sagen müßte, sage ich nicht, wenn . . .
Egoistisch bin ich, wenn . . .
Ich habe schon etwas damit zu tun, daß sich mein Partner so
veränderte, wie ich es nicht wollte . . .
Am wichtigsten ist mir, daß mein Partner mich liebt, weil . . .
Am wichtigsten ist mir, daß ich meinen Partner liebe, weil . . .

* Überzeugung

Mir ist klargeworden, daß . . .
Ich glaube ganz fest daran, daß . . .

—— 188 ——

Etwas, was ich nicht beweisen kann, was ich aber wirklich glaube, ist . . .
Meine wichtigsten Erfahrungen in meinem persönlichen Leben sind . . .
Meine wichtigsten Erfahrungen im Leben überhaupt sind . . .
Eine wichtige Frage, auf die ich noch immer keine Antwort gefunden habe, lautet . . .
Eine Überzeugung würde ich unter allen Umständen verteidigen: . . .

✳ Hauptsächliches

Die Hauptsache in meinem Leben ist . . .
Hauptsächlich *lebe* ich . . .
Die Werte, die für mich verbindlich sind . . .
Der Leit-Wert meines Lebens ist . . .
Sinnvoll finde ich, wenn ich . . .
Sinnvolles lebe ich in der Tat, wenn . . .
Begeistern kann ich mich für . . .
Eigentlich hätte ich längst schon . . .
Die Frage nach Gott ist mir ganz wichtig, weil . . .
Die Frage nach Gott ist mir unwichtig, weil . . .

✳ Halt im Leben

Die Kraft, aus der ich lebe, ist . . .
Halt im Leben fühle ich immer dann . . .
Was mich trägt, ist . . .
Halt fand ich früher in . . .
Ich sehne mich danach, . . .

✳ Freude

Das letzte Mal richtig gefreut habe ich mich . . .
Das letzte Mal gelacht/gesungen habe ich . . .
Gut gelaunt bin ich, wenn ich . . .
So richtig genießen kann ich, wenn ich . . .

Ganz warm ums Herz wird mir . . .
Ich ahne, was Glück ist, wenn ich . . .
Ich mag an meinem Leben . . .

✳ Zeit

Mein Tag beginnt gut, wenn ich . . .
Ich brauche täglich etwas Zeit für . . .
Wenn ich mir mehr Zeit nähme, würde ich . . .
Mein Tag endet nicht gut, wenn ich . . .
Ganz in der Gegenwart lebe ich, wenn ich . . .
Ich bin viel zu sehr der Vergangenheit verhaftet, wenn ich
an . . . denke . . .
Ich bin viel zu sehr mit der Zukunft beschäftigt, wenn . . .
Leer ist für mich die Zeit immer dann, wenn . . .
Gefüllt ist für mich die Zeit immer dann, wenn . . .

✳ Tod

Vor dem Sterben habe ich Angst, weil . . .
Vor dem Sterben habe ich keine Angst, weil . . .
Der Tod ist für mich . . .
Wenn ich morgen sterben würde, würden Freunde von
mir sagen . . .
Vom Ende des Lebens aus betrachtet erscheint mir mein
Leben heute . . .
Drei Dinge möchte ich, bevor ich sterbe, persönlich erreicht
haben . . .

Anmerkungen

WAS ICH DIR NOCH SAGEN WOLLTE
1 Erich Fried, Es ist, wie es ist, Berlin 1986, S. 34 f.

VON GRÄBEN UND BRÜCKEN ZWISCHEN ÄLTEREN UND
JÜNGEREN
1 H. L. Gee, Das Modell, aus: Die Blumen des Blinden, hrsg.
   von L. Graf, U. Kabitz, M. Lienhard, R. Pertsch, München 1983,
   S. 90 f.

WOVON MAN LEBEN KANN
1 vgl. C. G. Jung, Grundwerk, Band 8, Olten 1987, S. 10
2 vgl. ders., Grundwerk, Band 9, S. 13
3 Siehe dazu: U. Böschemeyer, Vom Typ zum Original, Die neun
   Gesichter der Seele, Ein Praxisbuch zum Enneagramm, Lahr
   1994
4 H. Hesse, Lektüre für Minuten, Frankfurt a.M. 1971, S. 70
5 A. Plack, Philosophie des Alltags, Stuttgart 1979, S. 146
6 Siehe: U. Böschemeyer, Das Leben meint mich, Meditationen
   für den neuen Tag, Lahr 1994, 12. Januar

VON DER ÜBERWINDUNG DER EXISTENTIELLEN
FRUSTRATION
1 Viktor E. Frankl, Der Mensch auf der Suche nach Sinn, Zur
   Rehumanisierung der Psychotherapie, Freiburg i.B. 1972
2 ders.: Der Mensch vor der Frage nach dem Sinn, München
   1979, S. 16
3 M. Buber, Der Weg des Menschen nach der chassidischen
   Lehre, Heidelberg 1986, S. 34
4 ebd., S. 32 f.
5 R. Guardini, Über das Wesen des Kunstwerks, Stuttgart/Tübin-

gen 1950, zitiert aus: Sinnspuren, hrsg. von L. Hohn-Kemler, Freiburg i.B. 1989, S. 217

6 Siehe dazu: U. Böschemeyer, Sinn für mein Leben finden, Kleine Reihe zu Lebensfragen, Lahr 1994, S. 54 ff.

VON DER FREIHEIT UNTER DEN ZWÄNGEN

1 Siehe dazu den Exkurs zur »ziel- und wertorientierten Imagination« in: Von der Überwindung der existentiellen Frustration

GRENZEN ÜBERWINDEN

1 Vom Verfasser sind 10 »Sinnorientierte Betrachtungen« dieser Art in der Reihe »Ermutigende Selbsterfahrungen« erschienen, Lahr 1992 – 1994

ENDLICH LEBEN KÖNNEN

1 C. G. Jung, Erinnerungen, Träume, Gedanken, Olten 1971

NACH DER TRENNUNG

1 M. Ende, Die unendliche Geschichte, Stuttgart 1979, S. 392

2 K. Gibran, Sand und Schaum, Olten 1986, S. 40

3 ders., Der Prophet, Olten 1983, S. 15

SINNERFAHRUNG BEI UNABÄNDERLICHEM SCHICKSAL

1 Viktor E. Frankl, Ärztliche Seelsorge, Grundlagen der Logotherapie und Existenzanalyse, Wien 1946/1971, S. 72

2 A. Längle, Das Seinserlebnis als Schlüssel zur Sinnerfahrung, in: Sinnvoll heilen, Freiburg/Basel/Wien 1984, S. 50 ff.

3 Siehe dazu den Exkurs zur »ziel- und wertorientierten Imagination« in: Von der Überwindung der existentiellen Frustration

MUT ZUM ALTER

1 S. Brandt, Hilfe für das Alter, Materialien des Diakonischen Werkes

2 M. Buber, a.a.O., S. 45

3 U. Böschemeyer, Sich auf das Alter freuen, Lahr 1992, S. 14 ff.

VOM INNEREN HALT

1 P. Tillich, Die verlorene Dimension, Not und Hoffnung unserer Zeit, Hamburg 1962, S. 8

2 ebd., S. 8 f.

3 Siehe Viktor E. Frankl, Der Mensch vor der Frage nach dem Sinn, München 1979, S. 15, 21 f., 60 ff.

4 ders., Grundriß der Existenzanalyse, in: Grundzüge der Neurosenlehre, Bd. 2, hrsg. von G. Bally, W. Bräutigam u.a., München/Berlin/Wien 1972, S. 666

5 C.G. Jung, Bewußtes und Unbewußtes, Frankfurt a.M. 1972, S. 64

6 Siehe J. Linnewedel, Meister Eckharts Mystik, Stuttgart 1983, S. 156 ff.

7 C.G. Jung, Gesammelte Werke, Bd. 11, Olten 1971 ff., S. 362

8 E. Fromm, Psychoanalyse und Religion, München 1981, S. 38

9 C.G. Jung, Bewußtes und Unbewußtes, S. 81

10 E. Fromm, Psychoanalyse und Religion, S. 39, 38

11 M. Lurker, Wörterbuch der Symbolik, Stuttgart 1991

MITEINANDER SPRECHEN KÖNNEN

1 Viktor E. Frankl, Der Mensch vor der Frage nach dem Sinn, S. 36

2 ebd., S. 35

3 Siehe dazu: U. Böschemeyer, Vom Typ zum Original, Die neun Gesichter der Seele und das eigene Gesicht, Ein Praxisbuch zum Enneagramm, Lahr 1994

4 Hubertus Halbfas, Der Sprung in den Brunnen, Düsseldorf 1981, S. 72 ff.

Informationen über die Veranstaltungen des »Hamburger Instituts für Existenzanalyse und Logotherapie« erhalten Sie über das Sekretariat:

Gartenstraße 20
21227 Bendestorf/Nordheide

Vom Typ zum Original

Die neun Gesichter der Seele und das eigene Gesicht.

Ein Praxisbuch zum Enneagramm

224 Seiten, mit Farbfotos, gebunden

Format 13,3 x 21 cm
ISBN 3-87729-954-7

Dieses Buch weckt Leidenschaft für das Leben, indem es die Menschen in ihrer faszinierenden Unterschiedlichkeit beschreibt und auf Wege zu einem echten Leben lockt.

Das Buch ist zugleich Werbung für den Menschen. Es zeigt, daß ein Mensch immer »mehr« ist als eine Problematik, die ihn festzuhalten scheint. Es fordert dazu heraus, die bislang unberührten und ungelebten Gebiete des Geistes und der Seele kennenzulernen und sie in ihrer Kraft zu erfahren.

Edition Lebenszeichen · SKV-EDITION, Lahr

Jahrbücher

Jedes dieser Jahrbücher bietet 366 Meditationen als Ermutigung und Herausforderung für den Tag und für ein sinnvolles Leben. Täglich fünf Minuten »Gymnastik für die Seele« können helfen, die eigenen Quellen sprudeln zu lassen.
416 Seiten, mit vielen Farbfotos
Format 10,5 x 15 cm, gebundene Ausgabe und
10 x 14,5 cm, Paperback-Ausgabe

Das Leben meint mich

ISBN 3-87729-544-4 (geb. Ausgabe)
ISBN 3-87729-572-X (Pb.-Ausgabe)
Der Autor Uwe Böschemeyer zeigt eindrucksvoll, daß jedes Leben gelingen kann. Er nennt die Feinde des Lebens deutlich beim Namen und macht Mut, den ganz persönlichen Weg zu Erfüllung und Sinn konsequent zu gehen.

Zu den Quellen des Lebens

ISBN 3-8256-4004-3 (geb. Ausgabe)
ISBN 3-8256-4054-X (Pb.-Ausgabe)
Dieses Buch enthält für jeden Tag des Jahres eine Geschichte, die die Seele berührt. Alle Texte geben Auskunft über das Wesen des Menschen und weisen auf Werte hin, die Leben gelingen lassen. Das Jahrbuch führt immer wieder zu den schöpferischen Quellen des Menschen und weckt dort ungeahnte innere Kräfte und Möglichkeiten.

Edition Lebenszeichen · SKV-EDITION, Lahr